Hartmut Aufderstraße
Jutta Müller
Thomas Storz

Delfin

Arbeitsbuch – Lösungen

Lehrwerk
für
Deutsch als Fremdsprache

Hueber Verlag

9. 8. 7. | Die letzten Ziffern
2020 19 18 17 16 | bezeichnen Zahl und Jahr des Druckes.
Alle Drucke dieser Auflage können, da unverändert, nebeneinander benutzt werden.
1. Auflage

Umschlaggestaltung: Peer Koop, Hueber Verlag, Ismaning
Satz: Verlagsservice Dr. Helmut Neuberger & Karl Schaumann GmbH, Heimstetten
Druck und Bindung: Kessler Druck + Medien GmbH & Co. KG, Bobingen
Printed in Germany
ISBN 978-3-19-191601-5

Art. 530_00407_001_07

Lektion 1

1. **a)** Auf Wiedersehen. Gute Reise. **b)** Danke für die Blumen. **c)** Oh, Verzeihung. **d)** Guten Tag. **e)** Tschüs.

2. ↓ VERZEI**H**UNG – S**A**FT – J**U**NGE – RE**P**ORTER – POLIZIS**T**IN – **B**LUME – T**A**XI – **H**OTEL – SÄ**N**GERIN – MÄDC**H**EN – T**O**URIST – TELE**F**ON → **HAUPTBAHNHOF**

3. **a)** zwei – fünf – sechs – acht – zehn **b)** sieben – neun

4. die Blume – das Telefon – der Saft – das Taxi – der Geldautomat – der Junge – das Mädchen – der Tourist – der Reporter – das Hotel – die Sängerin – das Baby – die Verkäuferin

5. zwei Hotels – drei Taxis – vier Geldautomaten – fünf Telefone – sieben Säfte – zehn Blumen

6.

fünf – zwei = drei	zehn – sechs = vier	neun – acht = eins
zehn – drei = sieben	eins + acht = neun	zwei + fünf = sieben
zwei + sechs = acht	vier + sechs = zehn	drei + sechs = neun

7. **c)** Das ist ein Bahnhof. **d)** Das ist ein Zug. **e)** Das ist ein Mädchen. **f)** Das ist ein Telefon. **g)** Das sind Zwillinge. **h)** Das ist eine Blume. **i)** Das ist ein Kuss. **j)** Das ist eine Polizistin. **k)** Das ist ein Baby. **l)** Das sind Touristen.

8. **b)** Die – Sie **c)** Das – Es **d)** Die – Sie **e)** Der – Er **f)** Die – Sie **g)** Der – Er

9. **b)** heißt **c)** wohne **d)** arbeitest **e)** sind **f)** ist **g)** schreibt **h)** sagen **i)** lebst **j)** lachen **k)** träumst **l)** sagt

10. **a)** Wie heißt sie? Heißt sie Sara? Sie heißt Sara. **b)** Was schickt Jan? Schickt Jan Blumen? Jan schickt Blumen. **c)** Was spielt Jan? Spielt Jan Klavier? Jan spielt Klavier. **d)** Wo lebt er? Lebt er in Wien? Er lebt in Wien.

11. glücklich: lachen – Frau: Mann – Mädchen: Junge – Klavier: spielen – Touristen: Bahnhof – lieben: verliebt sein

12. **b)** Klavier **c)** Geldautomat **d)** Verkäuferin **e)** hören **f)** heißen **g)** schreiben

13.

ich	***du***	***er/sie/es***	***sie (Plural)***
komme	kommst	kommt	kommen
arbeite	arbeitest	arbeitet	arbeiten
winke	winkst	winkt	winken
träume	träumst	träumt	träumen
schreibe	schreibst	schreibt	schreiben
lache	lachst	lacht	lachen
bin	bist	ist	sind

14.

● *Vanessa*, ist das…	■ Nein, *Uwe*. Das ist…	Das ist…
ein Polizeiauto?	kein Polizeiauto.	ein Krankenwagen.
eine Verkäuferin?	keine Verkäuferin.	eine Touristin.
ein Geldautomat?	kein Geldautomat.	ein Fahrkartenautomat.
ein Junge?	kein Junge.	ein Mädchen.
ein Taxi?	kein Taxi.	ein Polizeiauto.

● *Vanessa*, sind das…	■ Nein, *Uwe*. Das sind…	Das sind…
Busse?	keine Busse.	Züge.
Polizisten?	keine Polizisten.	Reporter.

15. **c)** meine **d)** deine **e)** meine **f)** mein **g)** dein **h)** deine **i)** meine **j)** dein **k)** meine **l)** deine

16. **b)** ihre **c)** sein **d)** sein **e)** seine **f)** ihre **g)** seine **h)** ihre

17. **b)** Kuss **c)** Kinder **d)** Radio **e)** Nummer **f)** Mann

18. **c)** Ihre **d)** Ihr **e)** deine **f)** deine **g)** Ihr **h)** Ihr **i)** dein **j)** Ihr

19. **b)** deine – meine – seine **c)** Ihre – meine – ihre **d)** deine – meine – ihre **e)** dein – mein – sein **f)** Ihr – mein – ihr

20. Buchstabe – Flasche – Polizei – Mädchen – Sängerin – Telefon – Geldautomat – Vergangenheit – Verkäuferin – Krankenwagen

21. Liebe Sara,
ich bin allein, ich bin verliebt. Ich arbeite, ich spiele Klavier, ich weine, ich schreibe Briefe. Verzeihung – ich liebe dich! Auf Wiedersehen.
Dein Jan

22. Das Mädchen sagt: „Mama." – Die Sängerin lacht. – Der Mann sagt: „Das ist Ihr Gepäck."

23. Fünf Jungen wohnen in Frankfurt. – Tschüs und danke für die Blumen. – Du bist jung und glücklich.

24. Bälle – Buchstaben – Fahrkarten – Männer – Säfte – Sätze – Taschen – Taxis – Unfälle – Väter – Zahlen – Blumen – Jungen – Küsse – Mütter – Nummern – Züge – Bahnhöfe – Gespräche – Koffer – Söhne

25. **a)** 17 **b)** 76 **c)** 33 **d)** 47 **e)** 11 **f)** 99 **g)** 21 **h)** 67 **i)** 78 **j)** 56

26. 33 80 58 – 33 18 58 – 17 67 77 – 17 77 67 – 91 02 42 – 99 02 43 – 12 16 26 62 – 12 16 62 26 – 0119 33 23 32 – 0190 32 33 23 – 96 022 35 – 96 023 53 – 68 41 83 08 – 13 75 29 47

27. **a)** achtunddreißig **b)** sechsundsechzig **c)** sechzehn **d)** einundvierzig **e)** dreiundsiebzig **f)** siebzehn

28. **a)** wo bist du? **b)** wo sind Sie? **c)** und wie heißen Sie? **d)** und wie heißt du? **e)** wann kommen Sie? **f)** wann kommst du? **g)** was machen Sie? **h)** was machst du?

29. **a)**
● Nolte hier. Guten Tag.
■ Hallo Jürgen, hier ist Claus.
● Hallo Claus! Wo bist du denn?
■ Ich bin in Hamburg.
● Und wann kommst du?
■ Ich komme morgen.

b)
● Hallo. Hier Meyer.
■ Wer ist da, bitte?
● Meyer. Ich heiße Meyer.
■ Ist da nicht 42 83 39?
● Nein, hier ist 43 82 39.
■ Oh, Verzeihung.

30. Montag – Dienstag – Mittwoch – Donnerstag – Freitag – Samstag – Sonntag

31. ➔ VATER – JUNG – KAPUTT – TAXI – KRANKENWAGEN – (UZO) – BITTE – SAFT – NETT – (ZIEL) – SCHÖN – (UHU) – HUND – (TAT) – ER – (ALLE) – ALLEIN – GUT – (PUTE) – (GNU) – NUMMER – (LANG) – (LANGE) – (GRAM) – RAM – FALSCH – REISE – (EI) – (EIS) – (SCHLECHT)
🡓 ZUG – VERZEIHUNG – (ARA) – KIND – IN – DU – (DUMM) – (DUMME) – WETTER – (BUNT) – ES – TASCHE – BALL – TAG – (AH) – HÖREN – EIN – TOLL –(TOLLE) – JUNG – JUNGE – (EILE) – (LEHRER) – HERR – HERRLICH – LICHT – GEPÄCK – (MOB)

32. kaputt – glücklich – freundlich – alt – richtig – alt – falsch – traurig

33. Heute ist Freitag und ich spiele Klavier. – Das Wetter ist nicht so gut. – Wo ist Herr Mohn? – Wo sind Sie, Frau Nolte? – Wie alt ist Ihr Sohn, Frau Nolte? – Wann kommst du? – Ist deine Tochter glücklich?

34. Hallo ________,
hier ist ________ auf Deutschlandreise. Heute ist Montag, und ich bin in Berlin (Hamburg). Die Stadt ist toll. Das Wetter ist schlecht, aber die Leute sind nett. Morgen bin ich in Hamburg (Berlin).
Viele Grüße

____

Lektion 2

1. **b)** heißen Schneider. **c)** spielt Computer. – spielen Computer. **d)** Er telefoniert. – Wir telefonieren. **e)** Er ist Lehrer. – Wir sind Lehrer. **f)** Er surft gern. – Wir surfen gern. **g)** Er lebt in Wien. – Wir leben in Wien. **h)** Er kocht. – Wir kochen.

2. Woher kommst du – Was bist du von Beruf – Was ist dein Hobby – Wie alt sind deine Kinder

3. **b)** heißen **c)** Wir spielen **d)** Wir telefonieren **e)** Wir sind auch Lehrer **f)** Wir surfen auch gern **g)** Wir leben auch in Wien **h)** Wir packen auch

4. **b)** Luftmatratze **c)** unsere Kinder **d)** ist unser Zelt **e)** ist – Das ist unser Hund **f)** ist – Das ist unsere Katze **g)** sind – Das sind unsere Schlafsäcke **h)** ist mein – Das ist unser Auto **i)** ist meine – Das ist unsere Tasche **j)** sind meine – Das sind unsere Luftmatratzen **k)** ist mein – Das ist unser Klavier

5. **b)** 7 **c)** 8 **d)** 2 **e)** 1 **f)** 4 **g)** 3 **h)** 5

6. **b)** Habt **c)** heißt **d)** Bist **e)** packt **f)** spielst **h)** Habt **i)** Heißt **j)** Seid **k)** Packst **l)** Spielt

7. **b)** unsere Kinder **c)** das eure – das ist unsere Luftmatratze **d)** Sind das eure – das sind unsere Schlafsäcke **e)** Ist das eure – das ist unsere Katze **f)** Ist das euer – das ist unser Sohn **g)** Ist das eure – das ist unsere Tochter **h)** Ist das euer – das ist unser Computer

8. **b)** Katze **c)** Luftmatratze **d)** Hobby **e)** Schlafsack **f)** Sportlehrerin **g)** Familie **h)** Ärztin **i)** Fotograf

9. Reise: Hotel – Gepäck – Bahnhof – Zelt – Koffer – Fahrkarte – Zug – Schlafsack – Auto – Tourist – Luftmatratze
   Familie: Vater – Großmutter – Tochter – Großvater – Baby – Mutter – Kind – Sohn
   Beruf: Lehrer – Fotograf – Reporter – Polizist – Verkäufer – Ärztin

10. **b)** Was **c)** Wie **d)** Woher **e)** Was **f)** Woher **g)** Wie **h)** Was

11. **c)** eure Luftmatratzen nass? **d)** Mein Schlafsack ist kaputt. **e)** Wie alt sind deine Kinder? **f)** Wie heißt dein Hund? **g)** Unsere Kinder surfen gern. **h)** Was bist du von Beruf? **i)** Sind Sie schon lange hier? **j)** Meine Frau ist Fotografin. **k)** Unsere Tochter ist vier. **l)** Ist dein Schlafsack trocken?

12. **a)** Werner Sundermann: 1 r, 2 f, 3 r, 4 f, 5 f, 6 f, 7 f
    b) Nguyen Tien-Huu: 1 r, 2 r, 3 f, 4 r, 5 r, 6 r, 7 f
    c) Natascha Schmitt: 1 f, 2 f, 3 f, 4 r, 5 r, 6 r, 7 f
    d) Max Claus: 1 r, 2 f, 3 r, 4 f, 5 r, 6 f, 7 r

13. **a)** komme – ist – Studierst – studiere **b)** kommen/sind – kommen/sind – Haben – haben – sind **c)** kommt/ist – kommt/ist – Studiert – ist – ist **d)** kommt/seid – kommen/sind – Spielt – seid – sind

14. **b)** zeichnen **c)** kann – wechseln **d)** kann – wechseln **e)** kann – rasieren

15. **a)** die Zeichnungen gut **b)** kann die Studentin zwei Polizisten zeichnen **c)** ist eine Reifenpanne kein Problem **d)** kann Herr Jensen ein Rad wechseln **e)** rasiert er Bärte **f)** kann Frau Claus fünf Bärte rasieren **g)** schafft er – 25 Sorten **h)** kann Frau Sundermann fünfzehn Sorten Cola erkennen **i)** kann die Sportreporterin gut fotografieren

16. **b)** studieren **c)** trinken **d)** rasieren **e)** zeichnen **f)** spielen **g)** wohnen

17. **b)** tief **c)** hoch **d)** sympathisch **e)** alt **f)** schnell **g)** allein **h)** kaputt **i)** ledig

18. **a)** kann **b)** Könnt – können **c)** kann – können

19.

	leben	***lieben***	***studieren***	***telefonieren***	***reisen***	***heißen***	***platzen***
ich	lebe	liebe	studiere	telefoniere	reise	heiße	platze
du	lebst	liebst	studierst	telefonierst	reist	heißt	platzt
er/sie/es	lebt	liebt	studiert	telefoniert	reist	heißt	platzt
wir	leben	lieben	studieren	telefonieren	reisen	heißen	platzen
ihr	lebt	liebt	studiert	telefoniert	reist	heißt	platzt
sie/Sie	leben	lieben	studieren	telefonieren	reisen	heißen	platzen

	arbeiten	***warten***	***schneiden***	***zeichnen***	***wechseln***	***können***	***sein***
ich	arbeite	warte	schneide	zeichne	wechsle	kann	bin
du	arbeitest	wartest	schneidest	zeichnest	wechselst	kannst	bist
er/sie/es	arbeitet	wartet	schneidet	zeichnet	wechselt	kann	ist
wir	arbeiten	warten	schneiden	zeichnen	wechseln	können	sind
ihr	arbeitet	wartet	schneidet	zeichnet	wechselt	könnt	seid
sie/Sie	arbeiten	warten	schneiden	zeichnen	wechseln	können	sind

20. **a)** 321 **b)** 177 **c)** 717 **d)** 111 **e)** 968 **f)** 689 **g)** 596 **h)** 471 **i)** 252 **j)** 825

21. **b)** 4678 **c)** 2504 **d)** 888 **e)** 3313 **f)** 5024 **g)** 555 **h)** 8818

22. fünfhundertdreiundachtzig – siebenhundertfünfundzwanzig – achthundertfünfzehn – zweihundertfünfundsiebzig – sechshundertsechsundneunzig – neunhundertneunundsechzig – (ein)tausendfünfhundertzweiunddreißig – dreitausendeinhundertfünfundzwanzig

23. Tomate – Karotte – Kartoffel – Pilz – Zwiebel – Apfel; Saft – Bier – Wasser – Wein

24. **b)** bin **c)** Bist **d)** Hast **e)** hat **f)** ist **h)** sind **i)** Seid **j)** Habt **k)** Sind **l)** Haben

25. **c)** Wo **d)** Woher **e)** Wie **f)** Wer **g)** Wie viel **h)** Wann **i)** Wer

26. **b)** für **c)** aus **d)** aus **e)** in **f)** in **g)** von **h)** in **i)** bei **j)** mit

27. **a)** zeichnet **b)** springt **c)** können **d)** wechselt **e)** Trinken **f)** erkenne **g)** schneide **h)** wiegt **i)** Verdienst **j)** bestellt **k)** heißt

28. **b)** trinkt sie nur Wasser **c)** sind die Schlafsäcke trocken **d)** spielt sein Sohn Computer **e)** sind sie hier **f)** kommt sie aus Italien **g)** ist das Zelt sauber **h)** zeichnet er Touristen **i)** braucht er pro Zeichnung

29. **a)** Kartoffel – Karotte – Pilz – Tomate – Pizza **b)** Saft – Wein – Bier – Wasser **c)** Frisör – Krankenschwester – Österreicher – Freundin – Eltern

30. **a)** 4 **b)** 8 **c)** 5 **d)** 7 **e)** 2 **f)** 3 **g)** 1 **h)** 6

31. **b)** möchte arbeiten **c)** Wir möchten packen **d)** Er möchte Ball spielen **e)** Ich möchte Bärte rasieren **f)** Wir möchten Wasser trinken **g)** Ich möchte Touristen zeichnen **h)** Er möchte ein Rad wechseln

32. **b)** möchtest Klavier spielen – kannst Klavier spielen **c)** Er möchte in sechs Minuten zwei Gesichter zeichnen – Er kann in sechs Minuten zwei Gesichter zeichnen **d)** Wir möchten heute glücklich sein – Wir können heute glücklich sein **e)** Ihr möchtet hoch springen – Ihr könnt hoch springen **f)** Sie möchten Geld verdienen – Sie können Geld verdienen

33. Südafrika – Japan – Australien – Indien – Deutschland – Frankreich – Großbritannien – Spanien – Kanada – Ghana

34.

Land	*Mann*	*Frau*	*kommen aus*	*Staatsangehörigkeit*
Japan	Japaner	Japanerin	Japan	japanisch
Italien	Italiener	Italienerin	Italien	italienisch
Spanien	Spanier	Spanierin	Spanien	spanisch
Argentinien	Argentinier	Argentinierin	Argentinien	argentinisch
Griechenland	Grieche	Griechin	Griechenland	griechisch
Polen	Pole	Polin	Polen	polnisch
Frankreich	Franzose	Französin	Frankreich	französisch
China	Chinese	Chinesin	China	chinesisch
Sudan	Sudanese	Sudanesin	dem Sudan	sudanesisch
Iran	Iraner	Iranerin	dem Iran	iranisch
Schweiz	Schweizer	Schweizerin	der Schweiz	schweizerisch
Türkei	Türke	Türkin	der Türkei	türkisch
Niederlande	Niederländer	Niederländerin	den Niederlanden	niederländisch
USA	Amerikaner	Amerikanerin	den USA	amerikanisch

35.

	Herr Jensen	*Frau Oehri*
Vorname	Sören	Martina
Beruf	Informatiker	Sportlehrerin
Staatsangehörigkeit	dänisch	schweizerisch
Wohnort	Flensburg	Zürich
Geburtsort	Kopenhagen	Luzern
Alter	25	30
Familienstand	ledig	verheiratet
Kinder	–	ein Kind
Hobbys	Surfen und Segeln	Schwimmen und Tauchen

36. **a)** wohnt – verheiratet – ist deutsch – Kinder – 22 – alt – segelt – reitet – studiert
b) Beruf – Pilsen geboren – 45 – alt – wohnt – 2 Kinder – ist geschieden – sind Reisen und Fotografieren

37. (Modell:)
Martin Schneider – bin – sechsundzwanzig – Hamburg – deutsch – Berlin – ledig – keine Kinder – Fotograf – Surfen – Tauchen

Lektion 3

1. **a)** Briefmarke **b)** Feuerzeug **c)** Hammer **d)** Telefon **e)** Fotoapparat **f)** Batterie **g)** Gabel **h)** Nagel **i)** Ansichtskarte **j)** Messer **k)** Topf **l)** Küchenuhr **m)** Strumpf **n)** Telefonbuch **o)** Schuh **p)** Deckel **q)** Kerze **r)** Film

2. die Gabel – der Strumpf – das Feuerzeug – der Nagel – das Telefonbuch – der Hammer – die Ansichtskarte – der Schuh – das Telefon – das Messer – der Deckel – der Fotoapparat – der Topf – die Kerze – die Batterie – die Küchenuhr – der Film

3. **a)** Der – den **b)** Die – die **c)** Das – das **d)** Der – den **e)** die – die **f)** der – den **g)** das – das **h)** Der – den **i)** das – das **j)** Die – die **k)** Der – den **l)** Die – die **m)** der – den

4. **b)** einen – keinen **c)** eine – keine **d)** ein – kein **e)** einen – keinen **f)** eine – keine **g)** einen – keinen

5. **c)** Akkusativ **d)** Akkusativ **e)** Nominativ **f)** Nominativ **g)** Akkusativ **h)** Akkusativ

6. **b)** eine Briefmarke **c)** einen Nagel **d)** einen Geburtstag **e)** einen Topf **f)** einen Hammer **g)** eine Gabel **h)** einen Deckel

7. **b)** das Buch **c)** der Fernseher **d)** der Geschirrspüler **e)** das Haus **f)** die Kamera **g)** die Kiste **h)** das Krokodil **i)** die Maus **j)** der Kühlschrank **k)** das Mobiltelefon **l)** das Motorrad **m)** die Schlange **n)** der Schreibtisch **o)** das Segelboot **p)** die Spinne

8. **a)** f **b)** r **c)** r **d)** f **e)** r **f)** f **g)** f **h)** r **i)** f **j)** r **k)** r **l)** f **m)** r **n)** r **o)** f **p)** f

9. **a)** Mäuse **b)** Musik **c)** Möbel **d)** Reporter **e)** Bad **f)** Geld **g)** Platz **h)** Wohnung

10. **b)** Schlange – Krokodil **c)** Radio – Fernseher **d)** Motorrad – Wagen **e)** Bett – Matratze **f)** Wohnung – Haus **g)** Reporter – Musiker **h)** Sommer – Winter **i)** Geld – Münzen **j)** Tiere – Zoo

11. **a)** Fernseher **b)** Krokodile **c)** Ja, es gibt ein Telefon. **d)** Gibt es eine Spinne? – Nein, es gibt keine Spinne. **e)** Gibt es eine Kiste? – Nein, es gibt keine Kiste. **f)** Gibt es ein Bett? – Ja, es gibt ein Bett. **g)** Gibt es einen Fotoapparat? – Ja, es gibt einen Fotoapparat. **h)** Gibt es Schlangen? – Ja, es gibt Schlangen. **i)** Gibt es einen Kühlschrank? – Nein, es gibt keinen Kühlschrank. **j)** Gibt es einen Topf? – Ja, es gibt einen Topf. **k)** Gibt es einen Tisch? – Ja, es gibt einen Tisch. **l)** Gibt es einen Geschirrspüler? – Nein, es gibt keinen Geschirrspüler.

12. **b)** hat sie ein Segelboot. **c)** ist sein Zimmer ein Zoo. **d)** findet er Möbel nicht wichtig. **e)** hat sie keinen Computer. **f)** ist es nicht sehr bequem. **g)** hat er kein Radio.

13. **b)** brauche ich nicht. **c)** habe ich keine. **d)** brauche ich nicht. **e)** Krokodil habe ich nicht. **f)** Bücher lese ich nicht. **g)** Ein Motorrad habe ich nicht. **h)** Ein Student/Student bin ich nicht. **i)** Probleme habe ich nicht.

14. **a)** – , ein, –, –, –, ein, –, – **b)** – , ein, – **c)** –, –, Ein, einen **d)** ein, Ein, –

15. **a)** 6 **b)** 5 **c)** 4 **d)** 1 **e)** 3 **f)** 2

16. **b)** Segelboot **c)** Film **d)** Gaskocher **e)** Telefonbuch **f)** Wagen **g)** Nagel **h)** Koffer

17. **b)** er – ihn **c)** sie – sie **d)** er – ihn **e)** es – es **f)** er – ihn **g)** sie – sie **h)** es – es

18. **b)** ihn **c)** Sie – ihn **d)** Sie – es **e)** Sie – sie **f)** Es – es **g)** Er – ihn **h)** Sie – sie **i)** Sie – sie **j)** Sie – sie **k)** Er – es **l)** Sie – sie **m)** Sie – ihn

19. **b)** sie sie – zwei Sekunden trinken **c)** kann sie ihn – drei Sekunden wechseln **d)** kann sie sie – vierzehn Sekunden schneiden **e)** sie sie – dreißig Sekunden blind erkennen **f)** können sie sie – vierzig Sekunden schreiben **g)** er sie – zwei Minuten zeichnen

20. **a)** einen, ein **b)** eine, einen **c)** eine, eine **d)** einen, eine **e)** einen, ein, einen **f)** einen, –, eine **g)** –, – **h)** –, eine, eine **i)** eine, eine

21. **a)** Eva Humbold findet Reporter interessant. Katzen findet sie schön und Luftballons findet sie toll. Reisen findet sie herrlich und Freiheit findet sie wichtig. Aber ein Mobiltelefon findet sie nicht so wichtig.

b) Werner Bergman findet Polizistinnen nett. Seinen Hund findet er prima und Ansichtskarten findet er interessant. Segeln findet er wunderbar. Geld findet er nicht so wichtig, aber Kreditkarten findet er herrlich.

c) (Beispiel:)
Ich finde Frisöre sympathisch. Hunde finde ich schön und Filme finde ich interessant. Telefonieren finde ich nicht so wichtig, aber einen Fernseher finde ich wichtig.

22. **b)** ihr – Er – Sie – ihn **c)** sein – Er – Er – ihn **d)** ihr – Er – Sie – ihn **e)** seine – Sie – Er – sie **f)** seine – Sie – sie **g)** Ihr – Er – Sie – ihren **h)** Ihr – Er – Sie – ihn

23. **b)** Sonnenbrille **c)** Regal **d)** Hammer **e)** Kühlschrank **f)** Mantel **g)** Regenschirm **h)** Teppich **i)** Vase **j)** Spiegel **k)** Gummistiefel

24. **c)** sch **d)** Sp **e)** St **f)** st **g)** sch **h)** St **i)** st **j)** sch **k)** Sp **l)** sp **m)** Sch **n)** Sch – sch

25. **a)** die Berufe – Briefe – Filme – Haare – Hunde – Jahre – Pilze – Probleme – Tage – Tiere **b)** die Grüße – Küsse – Stühle – Strümpfe – Bärte – Söhne – Säfte **c)** die Blumen – Lampen – Jungen – Briefmarken – Brillen – Karotten – Kisten – Taschen – Tomaten – Münzen **d)** die Spiegel – Wagen – Löffel – Messer – Lehrer – Deckel – Fernseher – Geschirrspüler

26. **a)**
● Wie findest du das Regal?
■ Meinst du das da?
● Ja.
■ Das ist nicht schlecht.
● Kaufen wir es?
■ Ja, das kaufen wir.

b)
● Schau mal, da ist ein Teppich. Ich suche einen.
■ Hast du keinen Teppich?
● Nein, ich habe keinen.
■ Aber den finde ich nicht schön.
● Hier sind noch welche.

27. **a)** Nein, ich brauche keine. – Ja, ich brauche eine. **b)** Den finde ich schön. – Der ist schön. **c)** Hast du keine? – Brauchst du eine? **d)** Nein, wir brauchen keine. – Ja, die kaufen wir. **e)** Meinst du die da? – Welche Uhr meinst du? **f)** Nein, aber ich brauche welche. – Nein, aber ich kaufe welche.

28. **b)** Wie findest du das Bild? – Das finde ich wunderbar. **c)** … den Teppich – Den … scheußlich. **d)** … den Tisch – Den … toll. **e)** … die Lampen – Die … schön. **f)** … die Töpfe – Die … teuer. **g)** … den Stuhl – Den … bequem **h)** … das Regal – Das … gut **i)** … das Buch – Das … interessant **j)** … die Sonnenbrille – Die … schön **k)** … die Schlangen – Die … scheußlich

29. ein Bild – eins
… ein Spiegel. – … einen Spiegel. – … einen.
… ein Tisch. – … einen Tisch. – … einen.
… sind Vasen. – … Vasen. – … welche.
… ein Regal – … ein Regal. – … eins.
… eine Uhr – … eine Uhr – … eine.
… eine Tasche – … eine Tasche – … eine.
… sind Lampen – … Lampen – … welche.

30. **a)** ein – eins **b)** eine – eine **c)** einen – einen **d)** einen – einen **e)** einen – einer **f)** eine – eine **g)** ein – eins **h)** ein – eins **i)** einen – einer **j)** einen – einer

31. **a)** keinen **b)** keine **c)** keins **d)** keine **e)** keiner **f)** keins **g)** keiner **h)** keine **i)** keinen **j)** keins

32. **b)** Findest du Tennis spannend? **c)** Kostet der Stuhl nur einen Euro? **d)** Das stimmt. **e)** Kaufst du die Sportschuhe? **f)** Brauchst du die Strümpfe? **g)** Spielst du Klavier? **h)** Bist du Studentin? **i)** Studierst du Sport? **i)** Springst du oder nicht?

33. **a)** Sp **b)** st – sp **c)** st – St **d)** st **e)** st **f)** st – St **g)** Sp – st **h)** st – St **i)** St – st – Sp **j)** Sp – st

34. Schrank – Uhr – Schlafsäcke – Maus – Schuhe – Töpfe – Haus – Blume – Hammer – Sprachen

35. Schlangen – Kisten – Matratzen – Briefmarken – Münzen – Jungen – Chinesen – Zimmer – Pflaster – Geschirrspüler – Fernseher – Koffer – Spanier – Töchter – Reporter

36. **a)** gibt – Problem – Mein – einer – ihn **b)** Probleme – Meine – eine – sie **c)** finde – sind – eins – es **d)** suche – weg – welche – Kannst

Lektion 4

1. **a)** Er kann gut springen. **b)** Sie muss springen. **c)** Er will springen. **d)** Sie darf nicht springen. **e)** Er soll springen. **f)** Sie kann jetzt nicht springen.

2. **b)** Der Junge kann tief tauchen. **c)** Die Sportlehrerin kann schnell schwimmen. **d)** Der Installateur muss schnell arbeiten. **e)** Der Mann und die Frau können sehr gut tanzen. **f)** Die Reporter müssen den Tennisspieler fotografieren. **g)** Die Sekretärin muss den Brief korrigieren. **h)** Die Studentin will auch Chinesisch lernen. **i)** Werner Sundermann will bald 25 Sorten Mineralwasser erkennen.

3.

	können	***wollen***	***dürfen***	***müssen***	***sollen***	***möchten***
ich	kann	will	darf	muss	soll	möchte
du	kannst	willst	darfst	musst	sollst	möchtest
er/sie/es/man	kann	will	darf	muss	soll	möchte
wir	können	wollen	dürfen	müssen	sollen	möchten
ihr	könnt	wollt	dürft	müsst	sollt	möchtet
sie	können	wollen	dürfen	müssen	sollen	möchten

4. **a)** Kreditkarte **b)** Stern **c)** Spiegel **d)** Topf **e)** Französisch

5. **b)** Das Kind kann gut tauchen, aber es kann nicht schwimmen. **c)** Die Studentin muss schnell zeichnen, aber sie kann nicht schnell zeichnen. **d)** Der Reporter kann wunderbar surfen, aber er kann nicht segeln. **e)** Ihr könnt laut singen, aber ihr müsst auch richtig singen. **f)** Der Papagei kann gut nachsprechen, aber er kann die Wörter nicht verstehen. **g)** Die Kinder möchten gern schwimmen, aber sie wollen keine Bademütze tragen. **h)** Das Mädchen möchte gern singen, aber man darf hier nicht laut sein.

6. **b)** Der Junge will telefonieren. Aber er kann nicht telefonieren. Er muss erst eine Telefonkarte kaufen. **c)** Die Fotografin will fotografieren. Aber sie kann nicht fotografieren. Sie muss erst den Film wechseln. **d)** Der Tischler will Tee trinken. Aber er kann nicht Tee trinken. Er muss arbeiten. **e)** Die Sängerin will singen. Aber sie kann nicht singen. Sie muss erst Tee trinken.

7. **b)** Die Studentin soll tief tauchen. Aber sie kann noch nicht tief tauchen. Sie muss es noch üben. **c)** Das Kind soll richtig rechnen. Aber es kann noch nicht richtig rechnen. Es muss es erst lernen. **d)** Der Mann soll schnell reiten. Aber er kann noch nicht schnell reiten. Er muss es noch lernen. **e)** Die Studenten sollen genau zeichnen. Aber sie können noch nicht genau zeichnen. Sie müssen es noch üben.

8. **b)** Sie will hier Eis essen. Aber hier darf man kein Eis essen. **c)** Sie wollen hier Ball spielen. Aber man darf hier nicht Ball spielen **d)** Er will hier rauchen. Aber hier darf man nicht rauchen. **e)** Sie will hier Musik hören. Aber man darf hier nicht Musik hören.

9. Rasen – beten – essen – Termine – Wir – lügen – Zähne – beschmutzen – sprechen – Spiegel – Hut – Zigaretten – möchte – Katze – waschen – ich – zahlen – Wände – Schuhe – sehen – möchte – küssen – Ich – sollen

10. **b)** einen Spiegel **c)** eine Pause **d)** die Zukunft **e)** den Urlaub **f)** einen Rasen **g)** einen Geburtstag **h)** Bonbons **i)** Vitamine

11. **b)** Trägst du auch gerne Hüte? **c)** Isst du auch nie Kartoffeln? **d)** Zerbrichst du auch dauernd deine Brille? **e)** Siehst du auch gern Filme? **f)** Betrittst du auch nie den Rasen? **g)** Sprichst du auch Deutsch? **h)** Wäschst du auch nicht gern?

12. **b)** Eva zerbricht eine Flasche. **c)** Jochen wäscht einen Apfel. **d)** Jochen spricht Englisch. **e)** Eva betritt ein Museum. **f)** Jochen trägt einen Hut. **g)** Eva sieht eine Maus. **h)** Eva vergisst einen Termin.

13. **b)** die Ruhe **c)** die Krawatte **d)** das Mobiltelefon **e)** die Bademütze **f)** die Kreditkarte **g)** der Rasen

h) der Abend **i)** der Termin **j)** die Kleidung **k)** der Stern **l)** die Katze **m)** die Träne **n)** der Geburtstag **o)** die Gitarre **p)** der Tiger

14. **b)** muss **c)** Möchtest **d)** darf **e)** Darfst **f)** soll **g)** kann **h)** möchte **i)** Kannst **j)** Willst **k)** muss **l)** soll **m)** Musst

15. **a)** f **b)** r **c)** f **d)** r **e)** r **f)** f **g)** f **h)** r **i)** f **j)** f **k)** r **l)** r **m)** r

16.

	essen	***vergessen***	***betreten***	***sprechen***	***zerbrechen***	***sehen***	***tragen***	***waschen***
ich	esse	vergesse	betrete	spreche	zerbreche	sehe	trage	wasche
du	isst	vergisst	betrittst	sprichst	zerbrichst	siehst	trägst	wäschst
er/sie/es/man	isst	vergisst	betritt	spricht	zerbricht	sieht	trägt	wäscht
wir	essen	vergessen	betreten	sprechen	zerbrechen	sehen	tragen	waschen
ihr	esst	vergesst	betretet	sprecht	zerbrecht	seht	tragt	wascht
sie/Sie	essen	vergessen	betreten	sprechen	zerbrechen	sehen	tragen	waschen

17. **a)** ein **b)** aus **c)** auf **d)** an **e)** auf **f)** aus **g)** ein/an **h)** zu

18. **c)** du ihn bitte aus? **d)** du ihn bitte zumachen? **e)** du es bitte anmachen? **f)** es bitte zumachen? **g)** du es bitte aus? **h)** du ihn bitte zu? **i)** ihn aufmachen. **j)** du sie bitte zu? **k)** du sie bitte ausmachen? **l)** du es bitte zu? **m)** ihn ausmachen. **n)** du es bitte zumachen?

19. **b)** mache aus – macht aus **c)** schalte aus – schaltet aus **d)** bemale – bemalt **e)** bezahle – bezahlt **f)** schalte ein – schaltet ein **g)** fahre – fährt **h)** frage – fragt **i)** habe – hat **j)** lache – lacht **k)** mache – macht **l)** nasche – nascht **m)** packe – packt **n)** passe – passt **o)** sage – sagt **p)** schaffe – schafft **q)** schlafe – schläft **r)** tanze – tanzt **s)** trage – trägt **t)** warte – wartet **u)** wasche – wäscht **v)** mache zu – macht zu

20. **a)** stehe auf – steht auf **b)** bestelle – bestellt **c)** bete – betet **d)** betrete – betritt **e)** denke – denkt **f)** erkenne – erkennt **g)** esse – isst **h)** gebe – gibt **i)** gehe – geht **j)** kenne – kennt **k)** lebe – lebt **l)** lese – liest **m)** nenne – nennt **n)** rechne – rechnet **o)** schlafe – schläft **p)** sehe – sieht **q)** vergesse – vergisst **r)** verstehe – versteht **s)** wechsle – wechselt **t)** zerbreche – zerbricht

21. **a)** Gerda kann nicht schlafen. **b)** Peter soll das Licht ausmachen. **c)** Herr M. schaltet den Fernseher wieder aus. **d)** Eric soll das Fenster aufmachen. **e)** Susanne möchte ganz schnell fahren. **f)** Emil muss heute nicht arbeiten.

22. **a)** fahren – geht – darf – ist – fährt – kommt **b)** wacht – schläft – weiterschlafen – geht – muss **c)** kann – hat – muss – will – hat **d)** spricht – weiß – kann – will

23. **a)** kennen – kann **b)** kennt – kann **c)** kenne – Kennst **d)** Weißt **e)** kann – Wisst **f)** könnt – wissen **g)** kann – kannst – weiß

24.

	schlafen	***fahren***	***lesen***	***wissen***
ich	schlafe	fahre	lese	weiß
du	schläfst	fährst	liest	weißt
er/sie/es/man	schläft	fährt	liest	weiß
wir	schlafen	fahren	lesen	wissen
ihr	schlaft	fahrt	lest	wisst
sie/Sie	schlafen	fahren	lesen	wissen

25. **b)** wäscht – acht **c)** glücklich **d)** achtzehn – Taschen **e)** schön – lacht **f)** Mädchen – brauchen – Licht **g)** suchen – Schlange **h)** möchte – Bücher – schreiben – Schuhe **i)** Regenschirm – Taschentuch **j)** Kühlschrank – Geschirrspüler – nicht – wichtig

26. **b)** trägst **c)** schlaft **d)** lest **e)** siehst **f)** sprichst **g)** zerbrecht **h)** isst **i)** vergesst **j)** betrittst **k)** wisst

27. **a)** ● Können wir mal wieder zusammen lernen?
■ Ja, gute Idee.
● Könnt ihr denn Mittwoch?
■ Mittwoch kann ich gut, aber Karin kann da nicht.
● Und Donnerstag, geht es da?
■ Ja, Donnerstag können wir gut.
● Prima, dann lernen wir am Donnerstag.

b) ● Können wir mal wieder zusammen surfen?
■ Ja gern. Wann können Sie denn?
● Morgen. Geht das?
■ Tut mir Leid. Morgen kann ich nicht, und meine Frau kann auch nicht.
● Und übermorgen?
■ Übermorgen können wir gut.

28. **a)** Waschmaschine **b)** Fahrrad **c)** Tischtennis **d)** Bruder **e)** Telefonnummer **f)** Fenster **g)** Wochenende **h)** Fernsehfilm

29. **b)** einen Schlüssel **c)** eine Pizza **d)** einen Strumpf **e)** den Fernsehfilm **f)** das Wetter **g)** einen Papagei **h)** Licht

30. **a)** 5 **b)** 7 **c)** 6 **d)** 4 **e)** 8 **f)** 1 **g)** 2 **h)** 3

31. **b)** Ich muss morgen nach London fliegen. **c)** Vera möchte am Wochenende surfen. **d)** Wir sind am Mittwoch nicht zu Hause. **e)** Peter soll seine Termine nicht vergessen. **f)** Ich möchte mal wieder Tischtennis spielen. **g)** Am Sonntag können wir zusammen schwimmen gehen.

32. **b)** 97 68 11 **c)** 55 73 62 **d)** 21 44 90 **e)** 69 88 73 **f)** 13 48 12 **g)** 91 94 78

33. **a)** absagen **b)** mitkommen **c)** notieren **d)** zumachen **e)** anrufen **f)** sprechen

34. **b)** Dann können wir zusammen essen gehen. **c)** Montag will seine Frau nicht tanzen gehen. **d)** Dienstag dürft ihr bestimmt auch Tennis spielen gehen. **e)** Ja. Da wollen wir surfen gehen. **f)** Wir wollen Freitag essen gehen. **g)** Da muss er nicht arbeiten gehen.

35. (Modell:)
Liebe Vera,
ich möchte gern mal wieder mit dir zusammen essen gehen. Am Freitag geht es leider nicht, aber am Samstag habe ich Zeit. Ich weiß auch schon ein Restaurant. Rufst du mich an?
Bis dann
Deine Petra

Lektion 5

1. **2.** der Polizist **3.** die Brücke **4.** die Mücke **5.** der Koffer **6.** der Schuh **7.** der Turm **8.** die Maus **9.** die Tasche **10.** die Flasche **11.** der Topf **12.** das Fenster **13.** der Hund **14.** die Taube **15.** der Wurm **16.** das Sofa **17.** das Rad **18.** das Mofa **19.** die Pfütze **20.** der Deckel

2. **b)** Der Deckel liegt unter dem Topf. **c)** Die Flasche liegt unter der Tasche. **d)** Die Tasche steht auf der Flasche. **e)** Das Mofa liegt unter dem Sofa. **f)** Der Polizist steht hinter dem Baum. **g)** Der Baum steht neben der Brücke. **h)** Die Koffer stehen vor der Frau. **i)** Die Frau steht hinter den Koffern. **j)** Der Turm steht vor der Brücke. **k)** Der Wurm sitzt auf dem Turm. **l)** Die Maus sitzt auf dem Haus. **m)** Der Hund steht zwischen den Koffern. **n)** Die Tauben sitzen auf den Häusern. **o)** Die Mücke sitzt auf der Brücke. **p)** Die Brücke steht zwischen den Bäumen. **q)** Die Frau steht neben dem Turm.

3. **b)** dem – die **c)** der – die **d)** der – die **e)** der – die **f)** dem – die **g)** der – die **h)** der – das **i)** dem – das **j)** dem – der **k)** dem – die **l)** der – die **m)** den – die

4. **b)** Sofas **c)** Betten **d)** Tischen **e)** Tellern **f)** Messern **g)** Herden **h)** Schränken **i)** Teppichen **j)** Spiegeln **k)** Regalen **l)** Fotoapparaten **m)** Fernsehern **n)** Radios **o)** Telefonbüchern **p)** Briefen **q)** Mänteln **r)** Abendkleidern **s)** Motorrädern **t)** Notizzetteln

5. **b)** das – Das – dem **c)** der – Die – die **d)** dem – den – Der **e)** die – Die – der **f)** dem – den – Der **g)** dem – den – Der **h)** dem – das – Das

6. **b)** Wer – Was – Wohin **c)** Wen – Wer – Wohin **d)** Wohin – Was – Wer **e)** Was – Wer – Wohin

7. **b)** steht **c)** stellt **d)** steht **e)** stellt **f)** stehen **g)** liegen **h)** legt **i)** liegen **j)** sitzt – setzt

8. **b)** auf den Schrank **c)** neben das Sofa **d)** lege ich doch immer neben die Hausschuhe **e)** lege ich doch immer neben das Telefon **f)** lege ich doch immer neben das Fenster **g)** stelle ich doch immer unter das Regal **h)** unter die Matratze

9. **a)** In der Notaufnahme klingelt das Telefon. **b)** Die Notärztin und die Sanitäter rennen zum Notarztwagen. **c)** Sie fahren zum Hamburger Hafen. **d)** Dort liegt ein Personenwagen unter einem Container. **e)** Zwei Feuerwehrmänner brechen die Tür auf. **f)** Dann untersucht die Ärztin das Unfallopfer. **g)** Die Sanitäter heben den Mann auf eine Trage und schieben sie in den Notarztwagen. **h)** Mit Tempo 100 fährt das Rettungsteam zum Krankenhaus zurück. **i)** Die Sanitäter heben den Mann aus dem Rettungswagen und bringen ihn in die Notaufnahme.

10. Krankenhaus – Personenwagen – Dativ – Tor – Brücke – Vorsicht – Notaufnahme – Job – Fahrer – Eingang – Hand – Schmerz – Haken – Tür – Autobahn – Baum – Hafen – Haus – Brust – Arm – Bericht – Opfer – Büro

11. legen: stellen, setzen, heben, schieben – gehen: tanzen, laufen, springen, rennen – rufen: schimpfen, fragen, sprechen, sagen

12. die Autobahn: der Verkehr, die Brücke, die Straße – der Arm: die Hand, die Brust, der Kopf, die Haut, das Gesicht – die Notaufnahme: die Krankenschwester, der Krankenpfleger, das Krankenhaus, die Ärztin

13. **a)** Wo – dem **b)** Wo – der **c)** Woher – der **d)** Wohin – den **e)** Wo – dem **f)** Wo – dem **g)** Woher – dem **h)** Wo – der **i)** Wohin – das **j)** Wo – den **k)** Wohin – die

14.

15. **c)** R **d)** R **e)** B **f)** B **g)** B **h)** R **i)** B **j)** R **k)** R **l)** B **m)** B **n)** B **o)** R **p)** B **q)** B

16. halten: halte, hältst, hält, halten, haltet, halten – laufen: laufe, läufst, läuft, laufen, lauft, laufen

17. **a)** 5 **b)** 10 **c)** 9 **d)** 7 **e)** 4 **f)** 3 **g)** 6 **h)** 1 **i)** 2 **j)** 8

18. **a)** nehmen **b)** nimmt **c)** nimmt **d)** nehme – nimmst **e)** nehmen **f)** Nehmen **g)** nehmt **h)** nimmt **i)** nehme

19. **a)** ins – im – in die – in der – in den **b)** am – an der – an die – ans – an den **c)** zur – zum – zu den **d)** beim – bei der – bei den **e)** von der – vom – von den

20. **b)** Der Hund rennt durch die Pfütze. **c)** Der Krankenwagen fährt durch das Tor. **d)** Die Kinder laufen durch den Wald. **e)** Die Einbrecher kommen durch den Keller. **f)** Die Lehrerin schaut durch die Brille. **g)** Die Katze springt durch das Fenster.

21. **a)** gegen **b)** für **c)** für **d)** ohne **e)** gegen **f)** ohne **g)** ohne **h)** gegen **i)** für **j)** für **k)** gegen **l)** ohne

22. **a)** Die Puppe steht. **b)** Die Puppe sitzt. **c)** Die Puppe liegt. **d)** Die Puppe hängt. **e)** Der Hund steht. **f)** Der Hund liegt. **g)** Der Hund sitzt. **h)** Der Hund hängt.

23.

	setzen	***sitzen***	***stellen***	***stehen***	***legen***	***liegen***
ich	setze	sitze	stelle	stehe	lege	liege
du	setzt	sitzt	stellst	stehst	legst	liegst
er/sie/es/man	setzt	sitzt	stellt	steht	legt	liegt
wir	setzen	sitzen	stellen	stehen	legen	liegen
ihr	setzt	sitzt	stellt	steht	legt	liegt
sie/Sie	setzen	sitzen	stellen	stehen	legen	liegen

24. **a)** r **b)** n – n **c)** n – n – m **d)** n **e)** n – n – n – n **f)** n – n **g)** m **h)** r **i)** r – m **j)** m – m

25. **a)** die Telefonzelle **b)** der Bahnhof **c)** das Rathaus **d)** die Arztpraxis **e)** das Schwimmbad **f)** die Badewanne **g)** der Briefträger **h)** das Kinderzimmer **i)** der Tennisplatz **j)** der Taxistand

26. **b)** Das dritte Haus links. **c)** Der zweite Weg rechts. **d)** Das erste Haus rechts. **e)** Die vierte Straße links. **f)** Der sechste Weg rechts. **g)** Die dritte Straße rechts. **h)** Das siebte Haus links.

27. **a)** Gehen Sie hier geradeaus und dann die zweite Straße rechts. Nehmen Sie dann die erste Straße links. Noch ein Stück geradeaus. Dann sehen Sie rechts die Post.

b) Das ist einfach. Gehen Sie bis zur Bushaltestelle. Nach der Bushaltestelle nehmen Sie die erste Straße rechts. Und dann die dritte Straße links. Das ist die Blumenstraße.

c) Kein Problem. Da gehen Sie hier links bis zur Kirche. Nach der Kirche nehmen Sie die zweite Straße rechts. Da sehen Sie links eine Apotheke.

28. **b)** nimmt **c)** braucht **d)** umsteigen **e)** steigt – aus **f)** ist **h)** fährt **i)** kommt – an **j)** steigt – aus **k)** geht **l)** biegt – ab **m)** sind **o)** steigen **p)** aussteigen **q)** hält **r)** gehen – vorbei **s)** kommen – an

29. **a)** der **b)** der **c)** der **d)** der **e)** der **f)** dem **g)** den **h)** der – die **i)** die **j)** dem

30. **b)** von den Haaren auf den Arm **c)** vom Arm auf die Hand **d)** von der Hand auf die Flasche **e)** von der Flasche auf den Regenschirm **f)** vom Regenschirm auf das Klavier **g)** vom Klavier auf die Jacke **h)** von der Jacke auf den Mantel **i)** vom Mantel auf die Handtasche **j)** von der Handtasche auf die Kiste **k)** von der Kiste auf den Koffer **l)** vom Koffer auf die Lampe **m)** von der Lampe auf das Fenster **n)** vom Fenster zum Flughafen

Lektion 6

1.

Infinitiv	*Präsens*	*Perfekt*
werfen	er wirft	er hat geworfen
trinken	er trinkt	er hat getrunken
schießen	er schießt	er hat geschossen
weinen	er weint	er hat geweint
aufräumen	er räumt auf	er hat aufgeräumt
lesen	er liest	er hat gelesen
waschen	er wäscht	er hat gewaschen
anstreichen	er streicht an	er hat angestrichen

2. **a)** Er hat gelacht. Sie hat geweint. Sie hat Musik gehört. Er hat den Koffer gepackt. Sie hat die Schuhe geputzt. Er hat ein Gesicht gezeichnet. Sie hat das Licht ausgemacht. Er hat das Zimmer aufgeräumt. Sie hat den Fernseher eingeschaltet.

b) Er hat eine Pizza gegessen. Er hat angerufen. Sie hat einen Brief geschrieben. Er hat Wasser getrunken. Sie hat den Ball geworfen. Er hat das Kind gewaschen. Sie hat die Wand angestrichen.

3. **b)** Er macht den Fernseher aus. Er soll den Fernseher ausmachen. Er hat den Fernseher ausgemacht. **c)** Sie räumt das Zimmer auf. Sie soll das Zimmer aufräumen. Sie hat das Zimmer aufgeräumt. **d)** Sie schließt die Tür ab. Sie soll die Tür abschließen. Sie hat die Tür abgeschlossen. **e)** Er macht das Fenster auf. Er soll das Fenster aufmachen. Er hat das Fenster aufgemacht. **f)** Sie macht das Radio an. Sie soll das Radio anmachen. Sie hat das Radio angemacht. **g)** Sie sagt den Termin ab. Sie soll den Termin absagen. Sie hat den Termin abgesagt. **h)** Er ruft den Chef an. Er soll den Chef anrufen. Er hat den Chef angerufen. **i)** Er bricht die Tür auf. Er soll die Tür aufbrechen. Er hat die Tür aufgebrochen. **j)** Sie stellt das Auto ab. Sie soll das Auto abstellen. Sie hat das Auto abgestellt.

4. **b)** Nein, aber sie hat gelacht. **c)** Nein, aber er hat geduscht. **d)** Nein, aber sie hat gespielt. **e)** Nein, aber sie hat gelernt. **f)** Nein, aber er hat gearbeitet. **g)** Nein, aber sie hat geputzt. **h)** Nein, aber er hat getanzt. **i)** Nein, aber sie hat gerechnet. **j)** Nein, aber er hat gepackt.

5. **b)** gegessen – isst **c)** geschrieben – schreibt **d)** getrunken – trinkt **e)** gewaschen – wäscht **f)** gelegen – liegt **g)** geschnitten – schneidet **h)** geschlafen – schläft **i)** gesessen – sitzt

6. **a)** ist **b)** ist **c)** hat **d)** ist **e)** hat **f)** Ist **g)** ist **h)** ist **i)** hat **j)** ist **k)** hat

7. er/sie lacht – er/sie hat gelacht; er/sie arbeitet – er/sie hat gearbeitet; er/sie räumt auf – er/sie hat aufgeräumt; er/sie liest – er/sie hat gelesen; er/sie wirft – er/sie hat geworfen; er/sie schreibt – er/sie hat geschrieben; er/sie schließt ab – er/sie hat abgeschlossen; er/sie fliegt – er/sie ist geflogen; er/sie wandert – er/sie ist gewandert

8.

ich habe geduscht	ich bin gelaufen
du hast geduscht	du bist gelaufen
er/sie/es hat geduscht	er/sie/es ist gelaufen
wir haben geduscht	wir sind gelaufen
ihr habt geduscht	ihr seid gelaufen
sie/Sie haben geduscht	sie/Sie sind gelaufen

9. **a)** 2 **b)** 1 **c)** 10 **d)** 4 **e)** 3 **f)** 8 **g)** 5 **h)** 7 **i)** 9 **j)** 6

10. **b)** die Tomaten **c)** das Klavier **d)** den Deckel **e)** den Alltag **f)** das Wasser **g)** das Telefon **h)** den Freund **i)** die Kinder **j)** den Schuh

11. **2.** Frühstück **3.** Garten **4.** Maschine **5.** Schule **6.** Zaun **7.** Ende **8.** Sessel **9.** Tasse **10.** Wäsche **11.** Ordnung **12.** Schalter **13.** Mittagessen **14.** Essen **15.** Alltag **16.** Nachmittag **17.** Vormittag **18.** Glück **19.** Arbeit

12. **putzen:** das Bad, die Wohnung, das Haus, das Büro, das Geschäft, die Küche, den Herd, die Schuhe, die Zähne
waschen: die Karotte, die Haare, das Gesicht, die Hände, die Arme, die Wäsche, das Abendkleid, die Jacke, die Strümpfe
spülen: den Topf, die Tasse, den/die Teller, das Geschirr, das/die Messer, die Gabeln, den/die Löffel, das Besteck

13. **b)** Bis halb neun hat er geduscht.
c) Dann hat er die Katze gefüttert.
d) Danach hat er eine halbe Stunde gefrühstückt.
e) Nach dem Frühstück hat er die Zähne geputzt, das Geschirr gespült und die Wäsche gewaschen.
f) Um zwölf hat er das Mittagessen gekocht.
g) Um halb eins hat er zu Mittag gegessen.
h) Um eins ist er ins Büro gefahren.
i) Von zwei bis sechs hat er am Computer gearbeitet.
j) Um sechs ist er dann nach Hause gefahren.
k) Zuerst hat er das Abendbrot gemacht.
l) Dann hat er die Wohnung aufgeräumt.
m) Später hat er gebügelt, getanzt und Musik gehört.
n) Gegen elf ist er zu Bett gegangen.

14. **c)** hatte – hat **d)** waren – sind **e)** hattet – habt **f)** hattet – habt **g)** war – bin **h)** hatten – haben **i)** wart – seid **j)** Wart – Seid **k)** hattest – hast

15. **b)** Er hat gekocht. Er hat am Sonntag gekocht. Er hat am Sonntag Suppe gekocht. Er hat am Sonntag zwei Stunden Suppe gekocht. **c)** Sie hat aufgeräumt. Sie hat nach dem Mittagessen aufgeräumt. Sie hat nach dem Mittagessen die Küche aufgeräumt. Sie hat nach dem Mittagessen eine Stunde die Küche aufgeräumt. **d)** Er hat gespült. Er hat nach dem Mittagessen gespült. Er hat nach dem Mittagessen die Töpfe gespült. Er hat nach dem Mittagessen eine Stunde die Töpfe gespült. **e)** Sie hat gebügelt. Sie hat nach dem Kaffee gebügelt. Sie hat nach dem Kaffee ihr Abendkleid gebügelt. Sie hat nach dem Kaffee eine halbe Stunde ihr Abendkleid gebügelt. **f)** Er hat gelesen. Er hat am Sonntagnachmittag gelesen. Er hat am Sonntagnachmittag die Zeitung gelesen. Er hat am Sonntagnachmittag zwei Stunden die Zeitung gelesen. **g)** Er hat geschrieben. Er hat am Sonntagabend geschrieben. Er hat am Sonntagabend Briefe geschrieben. Er hat am Sonntagabend zwei Stunden Briefe geschrieben. **h)** Sie hat telefoniert. Sie hat am Sonntagabend telefoniert. Sie hat am Sonntagabend mit ihrer Freundin telefoniert. Sie hat am Sonntagabend drei Stunden mit ihrer Freundin telefoniert.

16. **c)** Wie lange warst du in Berlin? **d)** Wann warst du in Berlin? **e)** Wann seid ihr spazieren gegangen? **f)** Wie lange seid ihr spazieren gegangen? **g)** Wann sind sie tanzen gegangen? **h)** Wie lange haben sie getanzt? **i)** Wann haben sie geschlafen? **j)** Wie lange haben sie geschlafen? **k)** Wann hat er am Computer gearbeitet? **l)** Wie lange hat er am Computer gearbeitet? **m)** Wann haben sie die Wand angestrichen? **n)** Wie lange haben sie die Wand angestrichen? **o)** Wann haben sie Urlaub gemacht? **p)** Wie lange haben sie Urlaub gemacht?

17. richtig: **b)**

18. immer – oft – manchmal – selten – nie

19. **b)** Nach einer Tasse Kaffee sind Herr und Frau Renken in den Stall gegangen.
c) Um Viertel vor sieben hat Frau Renken die Mädchen geweckt.
d) Um sieben Uhr morgens haben die Renkens zusammen gefrühstückt.
e) Um halb acht haben die Mädchen den Bus genommen.

f) Am Vormittag hat Frau Renken die Wohnung aufgeräumt.
g) Am Nachmittag hat Frau Renken im Garten gearbeitet.
h) Um vier Uhr hat Familie Renken Tee getrunken.
i) Nach dem Tee hat Frau Renken die Hühner gesucht.
j) Um halb sechs haben Herr Renken und die Mädchen die Kühe von der Weide geholt.
k) Am Abend ist Herr Renken schon oft vor dem Fernseher eingeschlafen.

20.

	haben	***sein***
ich	hatte	war
du	hattest	warst
er/sie/es/man	hatte	war
wir	hatten	waren
ihr	hattet	wart
sie/Sie	hatten	waren

21. **b)** Es ist fünfzehn Uhr. Es ist drei Uhr. Es ist drei. **c)** Es ist siebzehn Uhr. Es ist fünf Uhr. Es ist fünf. **d)** Es ist neunzehn Uhr. Es ist sieben Uhr. Es ist sieben. **e)** Es ist einundzwanzig Uhr. Es ist neun Uhr. Es ist neun. **f)** Es ist dreiundzwanzig Uhr. Es ist elf Uhr. Es ist elf.

22. **b)** sechs Uhr dreißig **c)** Viertel vor sieben **d)** sieben Uhr fünfzehn/Viertel nach sieben **e)** sieben Uhr dreißig/halb acht **f)** sieben Uhr fünfundvierzig/Viertel vor acht **g)** acht Uhr dreißig/halb neun

23. **a)** 4 **b)** 2 **c)** 7 **d)** 5 **e)** 8 **f)** 6 **g)** 1 **h)** 9 **i)** 3

24. **b)** sieben Uhr siebzehn/siebzehn Minuten nach sieben **c)** acht Uhr einundzwanzig/einundzwanzig Minuten nach acht **d)** zehn Uhr fünf/fünf Minuten nach zehn **e)** elf Uhr vierzehn/vierzehn Minuten nach elf **f)** fünfzehn Uhr acht/acht Minuten nach drei **g)** siebzehn Uhr vierundzwanzig/vierundzwanzig Minuten nach fünf **h)** einundzwanzig Uhr achtzehn/achtzehn Minuten nach neun **i)** elf Uhr fünfzig/zehn Minuten vor zwölf **j)** sechs Uhr fünfundfünfzig/fünf Minuten vor sieben **k)** neun Uhr achtundvierzig/zwölf Minuten vor zehn **l)** siebzehn Uhr einundfünfzig/neun Minuten vor sechs **m)** zweiundzwanzig Uhr achtundfünfzig/zwei Minuten vor elf

25. **a)** 3 **b)** 6 **c)** 1 **d)** 7 **e)** 5 **f)** 2 **g)** 4

26. **a)** Uhr **b)** Uhr **c)** Uhren **d)** Stunden **e)** Uhr – Stunde **f)** Stunden **g)** Uhr **h)** Stunden **i)** Uhr **j)** Stunden **k)** Stunde

27. **a)** hat – geträumt **b)** haben geschlafen – war **c)** ist gekommen – hat gesagt **d)** hat getrunken **e)** ist aufgestanden – hat aufgemacht **f)** ist ausgestiegen – ist geflogen

28. **b)** Er hat den Fernseher repariert. **c)** Er hat drei Luftballons rasiert. **d)** Sie hat den Nachnamen buchstabiert. **e)** Sie hat die Telefonnummer notiert. **f)** Er hat in Berlin studiert. **g)** Was ist hier passiert? **h)** Der Fernseher hat nicht funktioniert. **i)** Er hat immer morgens trainiert.

29. richtig: **c)**

30. **a)** 4 **b)** 1 **c)** 6 **d)** 3 **e)** 2 **f)** 5

31. **klingeln – geklingelt,** lächeln – gelächelt, bügeln – gebügelt, segeln – gesegelt
wandern – gewandert, feiern – gefeiert, füttern – gefüttert, dauern – gedauert
wecken – geweckt, frühstücken – gefrühstückt, schicken – geschickt, einpacken – eingepackt
benutzen – benutzt, beschmutzen – beschmutzt, putzen – geputzt, platzen – geplatzt
aufwachen – aufgewacht, lachen – gelacht, machen – gemacht, brauchen – gebraucht

32.

hängen – hängt – gehangen	hängen – hängte – gehängt
stehen – steht – gestanden	stellen – stellte – gestellt
liegen – liegt – gelegen	legen – legte – gelegt
sitzen – sitzt – gesessen	setzen – setzte – gesetzt

33. **e)** gestanden – gestellt **f)** gestanden – gestellt **g)** gehangen – gehängt **h)** gelegen – gelegt **i)** gestanden – gestellt **j)** gehangen – gehängt **k)** gestanden – gestellt **l)** gestanden – gestellt **m)** gesessen – gesetzt

34. **a)** 3 **b)** 6 **c)** 1 **d)** 4 **e)** 2 **f)** 5

35. **a)** 4 **b)** 1 **c)** 6 **d)** 2 **e)** 5 **f)** 3

36. **c)** ausgemacht **d)** ausschalten **e)** abgestellt **f)** aufmachen **g)** bringen **h)** zumachen **i)** gebracht **j)** abschließen **k)** abgeschlossen **l)** gelegt **m)** tun **n)** einpacken

37. **b)** schneiden – geschnitten **c)** abschließen – abgeschlossen **d)** schreiben – geschrieben **e)** lesen – gelesen **f)** aufstehen – aufgestanden **g)** bringen – gebracht

38. **b)** Die Bauern gehen jeden Tag auf die Felder. **c)** Die Eltern frühstücken oft auf dem Balkon. **d)** Ein Vogel fliegt manchmal gegen ein Fenster. **e)** Er bügelt oft in der Küche. **f)** Er liest eine Stunde auf dem Balkon. **g)** Die Katze schläft immer vor dem Fernseher. **h)** Die Kinder wollen jetzt im Wohnzimmer spielen. **i)** Die Kinder sollen heute Nachmittag nicht auf der Straße spielen. **j)** Sie will immer unter den Sternen schlafen. **k)** Sie tanzt heute im Regen. **l)** Sie will später auf einem Segelboot wohnen. **m)** Er singt oft unter der Dusche. **n)** Er fährt abends in die Stadt.

39.

aufgestanden	angefangen	weggefahren	umgestiegen	erzählt
verstanden	begonnen	eingeschlafen	bemalt	nachgesprochen
angekommen	angemacht	weitergefahren	angestrichen	weitergesprochen
bekommen	ausgemacht	aufgewacht	verkauft	weggelaufen
aufgebrochen	eingepackt	aufgemacht	verdient	weggerannt
zerbrochen	entschieden	zugemacht	vergessen	weitergelaufen
aufgehört	eingestiegen	abgeschlossen	aufgeräumt	abgebogen
zugehört	abgefahren	ausgestiegen	ferngesehen	weggeflogen

40. **b)** Aber sie ist noch ein bisschen im Bett geblieben. **c)** Dann ist sie aufgestanden. **d)** Ihr Taxi ist gekommen. **e)** Sie ist ins Taxi gestiegen. **f)** Das Taxi ist abgefahren. **g)** Das Taxi ist an der Ampel abgebogen. **h)** Sie ist am Bahnhof angekommen. **i)** Sie ist in den Zug gestiegen. **j)** Er ist nicht abgefahren. **k)** Lange ist nichts passiert. **l)** Sie ist eingeschlafen. **m)** Der Zug ist abgefahren. **n)** Sie ist aufgewacht. **o)** Sie ist ausgestiegen. **p)** Sie ist durch eine Stadt gegangen. **q)** Sie ist zu einem Schwimmbad gelaufen. **r)** Da ist sie geschwommen. **s)** Dann ist sie über einen Zaun gesprungen. **t)** Danach ist sie durch einen Wald gerannt. **u)** Später ist sie zu einem Fluss geritten. **v)** Dann ist sie in einem Boot gesegelt. **w)** Zum Schluss ist sie zu einem Flughafen gekommen. **x)** Da ist sie in ein Flugzeug gestiegen. **y)** Das Flugzeug ist weggeflogen. **z)** Sie ist eingeschlafen.

41. **b)** Am Samstag ist er um Viertel nach acht aufgestanden. **c)** Am Donnerstag hat seine Frau die Kinder um Viertel vor acht zur Schule gebracht. **d)** Am Freitag sind sie erst um halb zwei aufgestanden. **e)** Am Dienstag hat sie um sieben Uhr abends auf der Schreibmaschine geschrieben. **f)** Am Mittwoch hat ihr Mann um zwei eine Wand im Wohnzimmer angestrichen. **g)** Am Samstag hat ihr Mann sie um halb fünf zugemacht. **h)** Gestern hat seine Frau um fünf gebügelt. **i)** Am Montag hat seine Freundin um halb sechs seine Fenster geputzt. **j)** Am Donnerstag hat ihr Mann sie um neun aufgeräumt.

42. Ich gehe in ein Restaurant und bestelle einen Fisch. Aber der Kellner versteht es falsch. Deshalb bekomme ich Würste und Kartoffeln. Ich esse zwei Würste. Dann habe ich keinen Hunger mehr. Eine Wurst bleibt auf dem Teller. Ich suche mein Geld in der Handtasche, aber ich finde es nicht. Da fahre ich nach Hause und hole Geld. Der Hund bleibt im Restaurant. Ich komme zurück und suche den Kellner. Aber der ist nicht mehr da. Mein Hund sitzt auf dem Stuhl vor dem Teller. Die Wurst ist weg.

43. (freie Lösung)

Lektion 7

1. **b)** dem Vater – der Mutter – dem Baby – den Mädchen **c)** den Katzen – dem Auto – der Großmutter – dem Vogel **d)** dem Brautpaar – der Sängerin – dem Verkäufer – den Polizisten

2. **b)** seiner **c)** dem **d)** ihrer **e)** seiner **f)** ihrem **g)** meiner **h)** deinen **i)** seinem **j)** ihren

3. **b)** Der Mann schenkt seiner Frau einen Blumenstrauß. **c)** Der Chef kauft seiner Sekretärin einen Computer. **d)** Die Mutter gibt ihrem Kind ein Bonbon. **e)** Ich schicke meinem Bruder ein Telegramm. **f)** Der Sohn bringt seinem Vater eine Tasse Tee. **g)** Die Gäste gratulieren dem Brautpaar zur Hochzeit.

4. **a)** 4 **b)** 6 **c)** 2 **d)** 8 **e)** 10 **f)** 1 **g)** 9 **h)** 7 **i)** 5 **j)** 3

5. **b)** Er gibt ihm den Apfel. **c)** Es bringt ihr einen Handschuh. **d)** Sie schenken ihr eine Bluse. **e)** Er bringt ihnen eine Tafel Schokolade. **f)** Es gibt ihm ein Eis.

6. **a)** 4 **b)** 8 **c)** 6 **d)** 1 **e)** 7 **f)** 3 **g)** 5 **h)** 2

7. **a)** Schokolade **b)** Briefträger **c)** Sekretärin **d)** Bürgermeister **e)** Krawatte **f)** Autoschlüssel **g)** Führerschein **h)** Fernseher **i)** Bluse **j)** Bikini

8. **a)** r **b)** f **c)** f **d)** r **e)** f **f)** r **g)** r **h)** f **i)** f **j)** r **k)** f **l)** r **m)** r **n)** r

9. **b)** mir **c)** uns **d)** mich **e)** dich **f)** uns **g)** euch **h)** euch **i)** mir **j)** mich **k)** uns **l)** ihnen

10. **b)** Schenkst du mir auch ein Päckchen? **c)** Liebst du mich auch? **d)** Seht ihr uns auch? **e)** Verzeihst du mir auch? **f)** Schmeckt dir das Essen auch gut?/Schmeckt das Essen dir auch gut? **g)** Helft ihr uns auch? **h)** Passt dir die Bluse auch?/Passt die Bluse dir auch? **i)** Spielst du mir auch ein Lied vor? **j)** Möchtest du mich auch fotografieren?

11. **a)** 4 **b)** 6 **c)** 5 **d)** 7 **e)** 1 **f)** 2 **g)** 3

12. **a)** zu **b)** zu **c)** bei **d)** bei **e)** bei **f)** zu **g)** zu **h)** bei **i)** zu

13. **c)** jedem **d)** allen **e)** Jede **f)** Alle **g)** jedes **h)** alle **i)** Jeder **j)** Alle **k)** jeden **l)** alle **m)** Jedes **n)** Alle **o)** jedem **p)** allen

14. **b)** schieben **c)** verstecken **d)** hängen **e)** schreiben **f)** warten **g)** beginnen **h)** singen **i)** vorlesen **j)** aufmachen **k)** füllen **l)** gratulieren **m)** feiern

15. der zweite Februar – am zweiten Februar – vom zweiten Februar bis zum dritten Februar
der dritte März – am dritten März – vom dritten März bis zum vierten März
der vierte April – am vierten April – vom vierten April bis zum fünften April
der fünfte Mai – am fünften Mai – vom fünften Mai bis zum sechsten Mai
der sechste Juni – am sechsten Juni – vom sechsten Juni bis zum siebten Juni
der siebte Juli – am siebten Juli – vom siebten Juli bis zum achten Juli

16. **b)** der achtundzwanzigste Februar **c)** Am ersten März **d)** Vom zweiten bis zum zwölften März **e)** Am dreizehnten März – bis zum dreißigsten **f)** am ersten April **g)** bis zum einundzwanzigsten **h)** vor dem einundzwanzigsten – ab dem zweiundzwanzigsten

17. **b)** der dreiundzwanzigste **c)** Am vierundzwanzigsten **d)** Der fünfundzwanzigste **e)** am sechsundzwanzigsten **f)** Vom siebenundzwanzigsten bis zum achtundzwanzigsten **g)** am neunundzwanzigsten **h)** den neunundzwanzigsten

18.
1. ● Guten Tag. Wir machen Interviews zu Weihnachten. Darf ich Sie etwas fragen?
2. ■ Ja, bitte, gern.
3. ● Meine erste Frage: Gefällt Ihnen der Weihnachtsmarkt?
4. ■ Ja, er gefällt mir gut. Es ist mir ein bisschen zu voll hier, aber es ist schön.
5. ● Haben Sie etwas gekauft?
6. ■ Nein, wir haben nichts gekauft. Mein Mann und ich, wir sind an Weihnachten gar nicht zu Hause. Wir haben nur einen Glühwein getrunken und eine Bratwurst gegessen. Das machen wir immer.
7. ● Ach so. Dann haben Sie bestimmt auch keinen Weihnachtsbaum?
8. ■ Ein Weihnachtsbaum? Nein, der fehlt mir nicht. Und das ist mir auch zu viel Arbeit. Wir machen ganz einfach Urlaub.
9. ● Wo sind Sie denn an Weihnachten? Darf ich das fragen?
10. ■ Wir fliegen am 20. Dezember nach Australien.
11. ● Und dann wollen Sie dort feiern?
12. ■ Nein, eigentlich nicht. Wissen Sie, wir haben keine Kinder; deshalb feiern wir Weihnachten gar nicht.
13. ● Dann wünsche ich Ihnen eine gute Reise.
14. ■ Vielen Dank!

19. Er meint, der Weihnachtsmarkt ist ganz nett und die Atmosphäre findet er schön. Er ist mit seiner Freundin da. Die kauft gerade Kerzen. Für einen Weihnachtsbaum haben sie keinen Platz, denn ihre Wohnung ist sehr klein. Ihm ist Weihnachten nicht so wichtig, aber es gibt trotzdem Geschenke: Er hat eine Uhr für seine Freundin gekauft. An Weihnachten kochen sie zusammen. Kochen macht ihnen Spaß.

20. **c)** die – mir **d)** den **e)** das – ihnen **f)** die **g)** es – ihr **h)** er – uns **i)** sie **j)** die – mir

21. **b)** viel zu **c)** sehr **d)** ziemlich **e)** ein bisschen **f)** nicht

22. **b)** dem Briefträger die Freiheit **c)** dem Mann viel Glück **d)** der Großmutter Luxus **e)** der Katze eine Maus **f)** den Kindern das Radio **g)** der Sekretärin den Koffer **h)** dem Bruder ein Foto **i)** der Touristin das Fest **j)** dem Weihnachtsmann den Bart **k)** dem Hund eine Brille

23. Im Januar und Februar, da fährt Maria nach Dakar. Im März, April und Mai besucht sie gerne Kai. Im Juni, Juli und August hat sie zu Reisen keine Lust. Im September und Oktober fährt sie immer zu Frau Ober. Im November bleibt sie zu Haus. Im Dezember ist sie bei Klaus.

24. **a)** Der erste April./Mein Geburtstag. **b)** Den ersten April./Den ersten. **c)** Fünfzehn Uhr./Drei Uhr. **d)** Schon am ersten April./Erst am ersten April. **e)** Morgen Nachmittag./Morgen Vormittag. **f)** Von Samstagvormittag bis Sonntagabend./Vom Samstag bis zum Sonntag. **g)** Am Wochenende/Einen Monat. **h)** Einen Abend./Zwei Wochen. **i)** Abends um 10 Uhr./Nachts um 1 Uhr. **j)** Bis morgen./Über Weihnachten.

25. **b)** zu spät **c)** zu kurz **d)** zu richtig **e)** zu fleißig **f)** zu zufrieden **g)** zu alt **h)** zu voll **i)** zu richtig **j)** ganz falsch

16. falsch – richtig, voll – leer, groß – klein, hoch – tief, schnell – langsam, früh – spät, alt – neu, lang – kurz, wach – müde, ruhig – nervös, fröhlich – traurig, spannend – langweilig, ledig – verheiratet, süß – sauer, nass – trocken

falsch – richtig	schnell – langsam	fröhlich – traurig
voll – leer	früh – spät	spannend – langweilig
groß – klein	alt – neu	ledig – verheiratet
hoch – tief	lang – kurz	süß – sauer
	wach – müde	nass – trocken
	ruhig – nervös	

17. **b)** scharf **c)** kurz **d)** nervös **e)** tief **f)** hoch **g)** sauer **h)** heiß **i)** fleißig **j)** gemütlich

18. **b)** weil es leise ist **c)** weil er sowieso schlecht schlafen kann **d)** wenn er nachts lange arbeiten muss **e)** wenn er lange warten muss **f)** weil er lange gewartet hat **g)** weil der Bus zu spät gekommen ist **h)** wenn der Bus heute wieder zu spät kommt **i)** weil er danach gut einschlafen kann **j)** wenn er nicht einschlafen kann **k)** wenn sie aufgeregt ist **l)** weil ihre Augen so schön sind

19. **b)** am schönsten **c)** am besten **d)** am schnellsten **e)** am langsamsten **f)** am langweiligsten **g)** am liebsten **h)** am sauersten **i)** am teuersten **j)** am meisten

20. **c)** keiner **d)** welches **e)** keiner **f)** welche **g)** keine **h)** welche **i)** keins **j)** welcher

21. **b)** keinen – welchen **c)** kein – welches **d)** keine – welche **e)** keine - welche **f)** keine - welche **g)** kein – welches **h)** keinen – welchen **i)** kein – welches

22. **b)** Ich esse ein Brötchen mit Wurst oder Käse. **c)** Manchmal esse ich ein Ei zum Frühstück. **d)** Kaffee trinke ich lieber als Tee. **e)** Normalerweise esse ich nur einen Becher Jogurt. **f)** Honig schmeckt mir besser als Marmelade. **g)** Am liebsten esse ich Schwarzbrot mit Schinken.

23. **a)** Nein, am liebsten Jogurt. **b)** Nein, ich habe morgens keinen Hunger. **c)** Nein, ich mag keine Eier. **d)** Ich esse gerne Schwarzbrot mit Schinken. **e)** Ich frühstücke immer um sieben Uhr.

24. **b)** Ich hätte lieber ein Brötchen mit Honig. **c)** Ich hätte lieber ein Schwarzbrot mit Wurst. **d)** Ich hätte lieber ein Jogurt mit Erdbeeren. **e)** Ich hätte lieber ein Kotelett mit Nudeln. **f)** Ich hätte lieber einen Kaffee mit Milch. **g)** Ich hätte lieber einen Salat mit Schinken.

25. **b)** 5 **c)** 6 **d)** 3 **e)** 4 **f)** 2 **g)** 7

26. **b)** Bestell doch auch eine Suppe! – Bestellen wir doch auch eine Suppe! **c)** Iss doch auch ein Eis! – Essen wir doch auch ein Eis! **d)** Geh doch auch nach Hause! – Gehen wir doch auch nach Hause! **e)** Hol doch auch Geld! – Holen wir doch auch Geld! **f)** Probier doch auch das Fleisch! – Probieren wir doch auch das Fleisch! **g)** Trink doch auch Rotwein! – Trinken wir doch auch Rotwein!

27. **b)** freundlich **c)** freundlich **d)** unfreundlich **e)** unfreundlich **f)** freundlich **g)** unfreundlich **h)** freundlich **i)** unfreundlich **j)** unfreundlich **k)** freundlich

28. **a)** glücklich – herrlich **b)** fleißig – langweilig **c)** scheußlich – salzig **d)** ruhig – traurig **e)** freundlich – eilig **f)** täglich – wirklich **g)** unheimlich – ziemlich **h)** sympathisch – fröhlich **i)** fertig – wichtig **j)** herzlich – fantastisch

29. Kartoffelsalat – Mineralwasser – Nussschokolade

30. **b)** Nein, ich möchte lieber einen Karottensalat. **c)** Nein, ich möchte lieber einen Apfelsaft. **d)** Nein, ich möchte lieber eine Tomatensuppe. **e)** Nein, ich möchte lieber eine Obsttorte. **f)** Nein, ich möchte lieber ein Käsebrot. **g)** Nein, ich möchte lieber einen Birnenkuchen. **h)** Nein, ich möchte lieber ein Bananeneis. **i)** Nein, ich möchte lieber einen Gänsebraten.

31. **a)** das Abendbrot **b)** das Computergeschäft **c)** der Fahrkartenautomat **d)** der Familienname **e)** die Führerscheinprüfung **f)** die Handtasche **g)** der Kartoffelsalat **h)** die Kirschtorte **i)** der Schweinebraten **j)** der Personenwagen **k)** die Sonnenbrille **l)** das Telefonbuch **m)** die Telefonnummer **n)** das Bananeneis **o)** das Wochenende

32. **a)** wenn **b)** weil **c)** weil **d)** Wenn – weil **e)** weil **f)** weil **g)** wenn **h)** wenn **i)** weil **j)** weil **k)** wenn **l)** Wenn **m)** wenn **n)** weil **o)** weil

33. **b)** der Kartoffelsalat **c)** die Margarine **d)** die Limonade **e)** die Marmelade **f)** der Hundekuchen **g)** die Erdbeere **h)** die Sahnesoße **i)** der Salatteller **j)** das Mineralwasser **k)** das Würstchen

34. **a)** 4 **b)** 3 **c)** 6 **d)** 8 **e)** 2 **f)** 7 **g)** 1 **h)** 5

35. Gespräch 1: **a)** 5 **b)** 2 **c)** 4 **d)** 1 **e)** 6 **f)** 3 – Gespräch 2: **a)** 2 **b)** 1 **c)** 5 **d)** 3 **e)** 6 **f)** 4 – Gespräch 3: **a)** 4 **b)** 2 **c)** 5 **d)** 1 **e)** 6 **f)** 3

36. **b)** Braten Sie die Zwiebeln kurz in der Pfanne. **c)** Geben Sie die Butter in die Pfanne. **d)** Legen Sie den Schinken auf die Kartoffeln. **e)** Gießen Sie die Sahne in die Soße. **f)** Würzen Sie die Eier mit Salz und Pfeffer. **g)** Streuen Sie die Petersilie auf die Zwiebeln. **h)** Kochen Sie die Nudeln in Salzwasser.

37. **b)** Salat **c)** Tomaten **d)** Soße **e)** Salz **f)** Zwiebeln **g)** Eis **h)** Butter **i)** Sahne

38. **a)** 5 **b)** 7 **c)** 4 **d)** 1 **e)** 8 **f)** 9 **g)** 2 **h)** 10 **i)** 6 **j)** 3

39. **b)** das Huhn in den Ofen schieben. **c)** den Schinken auf die Brotscheibe legen. **d)** die Soße über die Nudeln gießen. **e)** das Eis aus dem Kühlschrank holen. **f)** den Salat auf den Tisch stellen. **g)** die Sahne über das Obst gießen. **h)** das Salz über die Tomaten streuen. **i)** die Würstchen in die Pfanne legen. **j)** den Käse zu den Zwiebeln geben. **k)** den Topf auf den Ofen stellen.

40. **b)** 2. Dann kocht man die Kartoffeln. 3. Dann muss man die Kartoffeln kochen. **c)** 2. Danach streut man die Petersilie auf die Eier. 3. Danach muss man die Petersilie auf die Eier streuen. **d)** 1. Braten Sie dann die Würstchen in der Pfanne. 3. Dann muss man die Würstchen in der Pfanne braten. **e)** 1. Gießen Sie jetzt die Sahne in die Suppe. 2. Jetzt gießt man die Sahne in die Suppe. **f)** 2. Vorher würzt man den Braten. 3. Vorher muss man den Braten würzen. **g)** 1. Schlagen Sie zum Schluss die Sahne. 3. Zum Schluss muss man die Sahne schlagen.

41. **b)** Nein danke, ich habe ihn schon gewürzt. **c)** Nein danke, ich habe sie schon gemacht. **d)** Nein danke, ich habe sie schon geschlagen. **e)** Nein danke, ich habe sie schon gebraten. **f)** Nein danke, ich habe sie schon geschnitten. **g)** Nein danke, ich habe ihn schon gebacken. **h)** Nein danke, ich habe sie schon gehackt.

Lektion 9

1. **d)** Er beginnt zu kochen. **e)** Er beginnt die Kartoffeln zu kochen. **f)** Sie vergisst den Stecker in die Steckdose zu stecken. **g)** Sie versucht den Mixer anzumachen. **h)** Er fängt an zu lachen. **i)** Sie fangen an laut zu lachen. **j)** Er hört auf zu backen. **k)** Er hört auf die Brötchen zu backen. **l)** Er vergisst zu bezahlen. **m)** Er vergisst die Rechnung zu bezahlen. **n)** Er versucht die Tür aufzubrechen. **o)** Er vergisst das Fenster zuzumachen. **p)** Sie haben Lust hoch zu springen und schnell einzutauchen.

2. **c)** Die Kinder finden es immer bequem, vor dem Fernseher zu sitzen. **d)** Den Schülern macht es Spaß, viele Antworten zu finden. **e)** Linda Damke findet es herrlich, mit dem Segelboot zu fahren. **f)** Der Sekretärin tut es Leid, den Chef zu stören. **g)** Der Lehrer hat es sehr eilig, nach Hause zu kommen. **h)** Dem Vogel gelingt es, hoch zu fliegen. **i)** Der Tourist findet es spannend, tief zu tauchen. **j)** Es gefällt der Tochter, bis vier Uhr morgens mit ihrem Freund zu tanzen.

3. Waschmaschine: waschen – Bohrmaschine: bohren – Föhn: trocknen – Geschirrspüler: spülen – Telefon: telefonieren – Farbe: streichen – Segelboot: segeln – Scheck: bezahlen – Kochlöffel: kochen – Fotoapparat: fotografieren – Rasierapparat: rasieren – Bügeleisen: bügeln – Brille: lesen – Taucherbrille: tauchen – Feuerzeug: anzünden – Ball: werfen – Wörterbuch: nachschlagen

4. **b)** Einen Nagel – um etwas aufzuhängen. – um eine Dose zu öffnen. – um ein Loch in ein Glas zu machen.
c) Einen Hammer – um Bilder aufzuhängen. – um einen Tisch zu reparieren. – um Wäsche glatt zu machen
d) Ein Taschentuch – um eine Brille zu putzen. – um einen Spiegel sauber zu machen. – um einen Tisch zu stützen.
e) Eine Taucherbrille – um Zwiebeln zu schneiden. – um zu tauchen. – um zu lesen.
f) Mineralwasser – um zu trinken. – um Haare zu waschen. – um zu würzen.
g) Eine Brille – um gut zu sehen. – um Papier anzuzünden. – um besser zu hören.
h) Einen Topf – um zu kochen. – um Schlagzeug zu spielen. – um einzukaufen.
i) Eine Bohrmaschine – um Löcher zu bohren. – um Sahne zu schlagen. – um Haare zu schneiden.
j) Eine Scheckkarte – um das Essen zu bezahlen. – um eine Tür zu öffnen. – um eine Wand zu streichen.
k) Einen Föhn – um Haare zu trocknen. – um Farbe zu trocknen. – um Wasser warm zu machen.
l) Einen Besen – um ein Treppenhaus sauber zu machen. – um ein Bild zu malen. – um einen Brief zu schreiben.

5. **b)** damit er sauber wird. **c)** damit es schön glatt wird. **d)** damit sie glatt werden. **e)** damit er trocken wird. **f)** damit sie trocken wird. **g)** damit ihre Haare trocken bleiben. **h)** damit seine Füße nicht nass werden. **i)** damit sie nicht allein ist. **j)** damit er in Ruhe arbeiten kann.

6. **a)** werde **b)** wirst **c)** wird **d)** wird **e)** wird **f)** werden **g)** werdet **h)** werden **i)** werden

7. **b)** damit sie fröhlich wird **c)** damit sie schön goldbraun werden **d)** damit sie nicht zu fett sind **e)** damit er bald fertig ist **f)** damit ihr Freund schnell ihre Antwort bekommt **g)** damit sie einschlafen **h)** damit es richtig sauber wird **i)** damit sie an Ostern ganz sauber ist

8. **c)** damit sein Herz gesund bleibt **d)** um schnell wach zu werden **e)** um schnell fertig zu werden **f)** damit sein Chef zufrieden ist **g)** damit ihre Haare nicht nass werden **h)** um nicht nass zu werden **i)** um die Delfine besser zu sehen **j)** damit die Delfine ihn sehen

9. **c)** – **d)** – **e)** zu **f)** zu **g)** – **h)** – **i)** zu **j)** – **k)** zu **l)** – **m)** zu **n)** zu **o)** – **p)** zu **q)** – **r)** zu **s)** zu **t)** –

10. **a)** 1r 2f 3f 4r **b)** 1r 2r 3f 4f **c)** 1r 2f 3r 4f **d)** 1r 2r 3f 4f **e)** 1r 2f 3f 4r **f)** 1f 2r 3r 4f **g)** 1f 2f 3r 4r **h)** 1r 2r 3f 4f **i)** 1r 2f 3r 4f **j)** 1f 2r 3f 4r **k)** 1r 2f 3f 4r

11. **b)** einen Stecker **c)** das Fenster **d)** den Kochlöffel **e)** das Glück **f)** eine Katze **g)** einen Garten **h)** Geschirr **i)** Wasser **j)** dem Freund das Gespräch **k)** ein Bügeleisen **l)** einen Schatten **m)** die Augen **n)** eine Ecke **o)** die Aussicht **p)** einen Flur **q)** ein Auto in die Garage **r)** ein Bild **s)** das Salz in die Suppe **t)** das Loch aus der Bohrmaschine **u)** die Kartoffeln im Keller

12. **b)** dass Vögel auf den Baum fliegen **c)** dass Schritte auf der Treppe sind **d)** dass die Gäste kommen **e)** dass die Männer gleich zurückkommen **f)** dass die Sängerin sehr schön ist **g)** dass der Wagen schnell wegfährt **h)** dass der Regen aufgehört hat **i)** dass man den Schrank einfach abbauen kann

13. **c)** ihr zuzuschauen. **d)** um ihr zuzuschauen. **e)** um ihr beim Umzug zu helfen. **f)** einzuziehen. **g)** eine Pause zu machen. **h)** um zu frühstücken. **i)** um die Flasche zuzumachen. **j)** die Tür zuzumachen. **k)** Pfeffer in die Soße zu tun.

14.

Infinitiv	*Perfekt*	*Infinitiv mit „zu"*	*Infinitiv*	*Perfekt*	*Infinitiv mit „zu"*
hören	hat gehört	zu hören	fahren	ist gefahren	zu fahren
aufhören	hat aufgehört	aufzuhören	abfahren	ist abgefahren	abzufahren
zuhören	hat zugehört	zuzuhören	wegfahren	ist weggefahren	wegzufahren
gehören	hat gehört	zu gehören	mitfahren	ist mitgefahren	mitzufahren
			zurückfahren	ist zurückgefahren	zurückzufahren
stellen	hat gestellt	zu stellen	erfahren	hat erfahren	zu erfahren
abstellen	hat abgestellt	abzustellen			
bestellen	hat bestellt	zu bestellen	stehen	hat gestanden	zu stehen
			aufstehen	ist aufgestanden	aufzustehen
suchen	hat gesucht	zu suchen	verstehen	hat verstanden	zu verstehen
aussuchen	hat ausgesucht	auszusuchen			
besuchen	hat besucht	zu besuchen	sprechen	hat gesprochen	zu sprechen
versuchen	hat versucht	zu versuchen	nachsprechen	hat nachgesprochen	nachzusprechen
			versprechen	hat versprochen	zu versprechen
kommen	ist gekommen	zu kommen	stecken	hat gesteckt	zu stecken
ankommen	ist angekommen	anzukommen	verstecken	hat versteckt	zu verstecken
mitkommen	ist mitgekommen	mitzukommen			
entkommen	ist entkommen	zu entkommen	fallen	ist gefallen	zu fallen
			einfallen	ist eingefallen	einzufallen
zählen	hat gezählt	zu zählen	umfallen	ist umgefallen	umzufallen
weitererzählen	hat weitererzählt	weiterzuerzählen	gefallen	ist gefallen	zu gefallen
erzählen	hat erzählt	zu erzählen			

15. **a)** niemand **b)** jemand **c)** nichts **d)** etwas **e)** alles **f)** Jedes **g)** Alle **h)** Jede **i)** etwas **j)** Alle **k)** jedem **l)** jedes – alle – allen – nichts **m)** alle

16. **b)** tief **c)** blind **d)** genau **e)** hart **f)** ziemlich **g)** ungefähr **h)** klein **i)** süß **j)** groß

17. **a)** 4 **b)** 8 **c)** 5 **d)** 1 **e)** 3 **f)** 2 **g)** 9 **h)** 7 **i)** 6

18. **a)** 5 **b)** 3 **c)** 8 **d)** 6 **e)** 1 **f)** 7 **g)** 4 **h)** 2

19. **b)** Sie ist dabei, Suppe zu kochen. **c)** Er ist dabei, die Waschmaschine zu reparieren. **d)** Sie ist dabei, ein Buch zu lesen. **e)** Wir sind dabei, den Tisch zu decken. **f)** Ich bin dabei, den Keller sauber zu machen. **g)** Sie sind dabei, die Katze zu füttern. **h)** Die Männer sind dabei, die Kisten zum Auto zu tragen.

20. **b)** Hans-Dieter soll einen Hammer holen. **c)** Das Bild soll im Wohnzimmer hängen. **d)** Hans-Dieter soll vorsichtig sein. **e)** Mein Vater soll lange im Bett bleiben. **f)** Die Farbe soll schnell trocken werden.

21. richtig: **b)**

22. **a)** 3 **b)** 5 **c)** 2 **d)** 1 **e)** 4

23. **b)** höher **c)** schärfer **d)** gesünder **e)** länger **f)** größer **g)** kälter **h)** jünger **i)** härter **j)** kürzer **k)** schwächer **l)** stärker

24. **a)** Badewanne **b)** Toilette **c)** Spiegel **d)** Dusche **e)** Fenster **f)** Balkon **g)** Sessel **h)** Heizung **i)** Steckdose **j)** Glühbirne **k)** Garderobe

25. **b)** Waschmaschine **c)** Badewanne **d)** Toilette **e)** Tischdecke **f)** Sessel **g)** Tapete

26.

a) kurz	lang	b) kurz	lang	c) kurz	lang	d) kurz	lang	e) kurz	lang
Pfanne	Sahne	wenn	wen	im	ihm	hoffen	Ofen	muss	Gruß
Blatt	Spaß	schleppen	nehmen	nimm	ihn	Rolle	Soße	Schluck	Fuß
glatt	Straße	Treppe	Besen	in	ihnen	Sonne	stoßen	Suppe	Uhr
Fass	Haar	Pfeffer	mehr	drinnen	ihr		Dose	Zucker	Flur
nass	Paar	Ecke	Meer	Blick			bohren	kaputt	gut
hacken		Decke		Schritte			Boot	Butter	
backen		messen		Mitte			Ohr	Mutter	
				bitte			ohne		
							Sohn		

27. **b)** reisen – reißen **c)** Schafen – schaffen **d)** Meer – mehr **e)** dass – das **f)** Nase – nass **g)** Sohn – Sonne **h)** Nüsse – Füße **i)** beten – Betten **j)** kaputt – gut

28. **b)** Wie finden Sie sie? **c)** Wir finden, dass es leider ein bisschen zu klein ist. **d)** Die Kinder haben hier viel Platz um zu spielen. **e)** Wie finden Sie die? **f)** Wir haben keine Bäume, weil er etwas klein ist. **g)** Der ist sehr hell, deshalb sitzen wir oft dort, wenn wir lesen möchten. **h)** Es ist mir ein bisschen zu klein, aber ich finde es sehr schön und hell. **i)** Da arbeitet mein Mann am Computer, denn es ist ruhig. **j)** Da ist er sehr oft, um sein Motorrad zu reparieren.

29.
1. ● Schau mal, hier in der Zeitung steht eine 2–Zimmer–Wohnung mit Terrasse und Garten.
2. ■ Aber die ist bestimmt teuer.
3. ● Nein, teuer ist sie nicht. Sie kostet nur 588 Euro pro Monat – ohne Nebenkosten.
4. ■ Aber dann sind die Nebenkosten bestimmt hoch.
5. ● Nein, hoch sind die nicht, nur 98 Euro für Heizung und Warmwasser. Das sind zusammen genau 686 Euro.
6. ■ 686 Euro? Das geht noch. Aber sag mal, wo liegt die Wohnung denn?
7. ● Im Stadtzentrum, und in der Anzeige steht, dass sie hell und groß ist.
8. ■ Wie groß ist sie denn genau?
9. ● 65 Quadratmeter, mit Küche und Bad. Meinst du, dass wir die Wohnung mal anschauen sollen?
10. ■ Ja natürlich. Ruf schnell an, damit wir einen Termin bekommen.

30. **b)** die Anzeige **c)** die Quadratmeter **d)** die Nebenkosten **e)** die Zeitung **f)** das Namensschild **g)** den Briefkasten **h)** die Haustür **i)** den Hammer **j)** den Teppich **k)** den Ofen **l)** die Bohrmaschine **m)** die Leiter **n)** das Telefonbuch

31. **a)** der Wasserhahn **b)** der Schlüssel **c)** die Garage **d)** der Griff **e)** die Kontrolllampe **f)** die Feuerwehr **g)** der Regler **h)** die Müllabfuhr **i)** das Waschbecken **j)** der Fensterladen **k)** die Toilette/das WC **l)** der Briefkasten **m)** die Stromleitung **n)** der Grill **o)** der Schalter

32. **a)** wählen **b)** Ausflüge **c)** Sicherung **d)** füttern **e)** tropft **f)** Müllsäcke **g)** drücken **h)** klemmt **i)** Kellertür **j)** Hausschlüssel

33. **a)** 5 **b)** 7 **c)** 8 **d)** 2 **e)** 3 **f)** 1 **g)** 6 **h)** 4

34. **a)** Die Haustür zweimal abschließen. **b)** Sie klemmt ein bisschen. **c)** Neben dem Telefon. **d)** Am Donnerstag. **e)** Im Keller. **f)** Neben der Kellertür. **g)** Mit einem Trick. **h)** Er tropft. **i)** Bei den Nachbarn. **j)** An die Straße. **k)** Weil sonst Mäuse ins Haus kommen. **l)** Auf Stufe 3.

35. **b)** Um zu telefonieren, wählen Sie zuerst eine Null. – Damit Sie telefonieren können, müssen Sie zuerst eine Null wählen.

c) Um zu grillen, benutzen Sie die Holzkohle im Keller. – Damit Sie grillen können, müssen Sie die Holzkohle im Keller benutzen.

d) Um zu wandern, benutzen Sie die Karten in der Kommode. – Damit Sie wandern können, müssen Sie die Karten in der Kommode benutzen.
e) Um die Garage zu öffnen, drehen Sie den Griff nach rechts. – Damit Sie die Garage öffnen können, müssen Sie den Griff nach rechts drehen.
f) Um ein Taxi zu rufen, schauen Sie in die Telefonliste. – Damit Sie ein Taxi rufen können, müssen Sie in die Telefonliste schauen.

36. **b)** Bitte drehen Sie den Wasserhahn fest zu. **c)** Bitte machen Sie die Kellertür zu. **d)** Bitte holen Sie den Schlüssel bei den Nachbarn ab. **e)** Bitte schließen Sie die Haustür zweimal ab. **f)** Bitte füttern Sie jeden Tag die Fische. **g)** Bitte stellen Sie die Müllsäcke an der Straße ab. **h)** Bitte drücken Sie den Hauptschalter. **i)** Bitte drehen Sie den Griff nach rechts. **j)** Bitte machen Sie alle Fensterläden auf.

Lektion 10

1. **b)** Die gelbe Banane **c)** Das blaue Meer **d)** Der grüne Koffer **e)** Der weiße Regenschirm **f)** Die schwarze Kohle **g)** Der kleine Ball **h)** Das fröhliche Kind **i)** Der helle Pullover **j)** Die salzige Suppe

2. **b)** Das gelbe Fahrrad ist neu. – Das neue Fahrrad ist gelb. **c)** Das blaue Meer ist tief. – Das tiefe Meer ist blau. **d)** Der grüne Ball ist klein. – Der kleine Ball ist grün. **e)** Der große Baum ist schön. – Der schöne Baum ist groß. **f)** Die alte Brille ist gelb. – Die gelbe Brille ist alt. **g)** Das schmutzige Auto ist schwarz. – Das schwarze Auto ist schmutzig. **h)** Das fleißige Mädchen ist freundlich. – Das freundliche Mädchen ist fleißig. **i)** Der harte Apfel ist süß. – Der süße Apfel ist hart. **j)** Die breite Brücke ist lang. – Die lange Brücke ist breit.

3. **b)** blauen **c)** schwarze **d)** grünen **e)** gelben **f)** blauen **g)** bunte **h)** große **i)** langen **j)** schöne

4. **b)** Die blauen Schuhe sind bequem. **c)** Der gelbe Ball ist kaputt. **d)** Der schwarze Kaffee ist heiß. **e)** Der warme Kakao ist süß. **f)** Die roten Schuhe sind bequem. **g)** Die weißen Autos sind schnell. **h)** Der bequeme Sessel ist teuer. **i)** Das alte Brot ist hart. **j)** Die junge Frau ist freundlich.

5. **b)** eine neue Brücke **c)** ein neues Auto **d)** eine neue Freundin **e)** ein neuer Tisch **f)** eine neue Bluse **g)** eine neue Puppe **h)** ein neuer Stiefel **i)** ein neues Bild **j)** ein neuer Hut **k)** ein neues Sofa **l)** ein neuer Ball **m)** ein neues Bett **n)** ein neues Restaurant **o)** ein neues Klavier

6. **b)** ein junges Mädchen – ein dickes Mädchen – ein kleines Mädchen – ein großes Mädchen
c) eine heiße Suppe – eine rote Suppe – eine gute Suppe – eine scharfe Suppe
d) ein verliebtes Paar – ein altes Paar – ein glückliches Paar – ein verheiratetes Paar
e) eine süße Limonade – eine gelbe Limonade – eine kalte Limonade – eine rote Limonade
f) ein nervöses Pferd – ein gesundes Pferd – ein wundervolles Pferd – ein ruhiges Pferd
g) ein schöner Fluss – ein sauberer Fluss – ein langer Fluss – ein breiter Fluss
h) eine fette Wurst – eine salzige Wurst – eine scharfe Wurst – eine kleine Wurst
i) ein voller Koffer – ein leerer Koffer – ein großer Koffer – ein grüner Koffer
j) ein helles Zimmer – ein kleines Zimmer – ein ungewöhnliches Zimmer – ein gemütliches Zimmer

7. **b)** Das ist eine junge Frau. – Das sind junge Frauen. **c)** Das ist ein langes Brot. – Das sind lange Brote. **d)** Das ist eine rote Kirsche. – Das sind rote Kirschen. **e)** Das ist ein dickes Schwein. – Das sind dicke Schweine. **f)** Das ist eine fette Wurst. – Das sind fette Würste. **g)** Das ist ein heißer Ofen. – Das sind heiße Öfen. **h)** Das ist ein weißes Huhn. – Das sind weiße Hühner. **i)** Das ist eine gute Suppe. – Das sind gute Suppen. **j)** Das ist eine gelbe Vase. – Das sind gelbe Vasen.

8. **b)** Weintraube **c)** Limonade **d)** Gummistiefel **e)** Blumenvase **f)** Regenschirm **g)** Schokolade **h)** Handschuh **i)** Handtasche **j)** Fahrrad **k)** Banane

9. **b)** Schokolade und Eis sind süß. **c)** Eis schmeckt gut mit Sahne. **d)** Zum Nachtisch gibt es Pudding. **e)** Ich hole die Kohle für den Ofen. **f)** Das Pferd läuft über die Brücke. **g)** Das verliebte Paar schwimmt im See. **h)** Ein dickes Schwein steht auf der Wiese. **i)** Kleine Kinder trinken Limonade.

10. **b)** Schuhe – Strümpfe **c)** Pferd – Schwein **d)** Wein – Limonade **e)** Käse – Wurst **f)** Apfel – Kirsche **g)** Kuss – Lippen **h)** Meer – See **i)** Kohle – Ofen

11. **b)** Die Brücke ist neu. Das ist eine neue Brücke. Die neue Brücke ist breit.
c) Die Wiese ist grün. Das ist eine grüne Wiese. Die grüne Wiese ist nass.
d) Der Käse ist groß. Das ist ein großer Käse. Der große Käse schmeckt gut.
e) Die Wurst ist lang. Das ist eine lange Wurst. Die lange Wurst ist fett.
f) Der Tisch ist neu. Das ist ein neuer Tisch. Der neue Tisch ist teuer.
g) Die Lampe ist hell. Das ist eine helle Lampe. Die helle Lampe fällt um.
h) Der Vogel ist klein. Das ist ein kleiner Vogel. Der kleine Vogel fliegt weg.
i) Die Kirschen sind süß. Das sind süße Kirschen. Die süßen Kirschen sind rot.
j) Die Männer sind jung. Das sind junge Männer. Die jungen Männer sind nett.

12. **a)** 5 **b)** 2 **c)** 6 **d)** 4 **e)** 1 **f)** 3

13. **a)** eine Freundin **b)** helle Pullover **c)** seine Zimmerdecke schwarz streichen **d)** im linken Ohr **e)** immer Jeans tragen **f)** dass sie zum Friseur geht **g)** ein weißes Kleid **h)** Jeans anziehen

14. **a)** 1 **b)** 2 **c)** 2 **d)** 1 **e)** 1 **f)** 1 **g)** 2 **h)** 1 **i)** 1

15. **b)** Sie liebt weiße Kleider. – Sie findet weiße Kleider schön. – Sie findet, dass ihr weiße Kleider stehen. – Sie mag keine weißen Kleider. – Sie hasst weiße Kleider. – Sie findet weiße Kleider schrecklich.
c) Sie liebt enge Pullover. – Sie findet enge Pullover schön. – Sie findet, dass ihr enge Pullover stehen. – Sie mag keine engen Pullover. – Sie hasst enge Pullover. – Sie findet enge Pullover schrecklich.
d) Sie liebt große Hüte. – Sie findet große Hüte schön. – Sie findet, dass ihr große Hüte stehen. – Sie mag keine großen Hüte. – Sie hasst große Hüte. – Sie findet große Hüte schrecklich.

16. **b)** kurze rote **c)** lange blonde **d)** langes weißes **e)** schwarze unendliche **f)** neuen grünen **g)** dicken alten **h)** großen bunten **i)** schöne lange schwarze

17. **a)** neue Sachen **b)** einen langen Rock und einen blauen Hut **c)** einen schönen Pullover **d)** eine enge Hose und blaue Schuhe **e)** Eine freundliche Verkäuferin – viele enge Hosen – die hellen Farben **f)** ein tolles grünes Kleid **g)** das grüne Kleid **h)** die freundliche Verkäuferin – keine ehrliche Antwort **i)** rote Haare – die grüne Farbe **j)** einen guten Geschmack **k)** ein großes Eis – einen schwarzen Kaffee

18. **a)** dunklen **b)** teuren **c)** hohe **d)** dunkle **e)** saure **f)** teure **g)** saures **h)** hohes **i)** sauren **j)** hoher **k)** dunkles **l)** saurer **m)** teures **n)** dunkler **o)** hohen **p)** teurer

19.

	können	***wollen***	***dürfen***	***müssen***	***sollen***
ich	konnte	wollte	durfte	musste	sollte
du	konntest	wolltest	durftest	musstest	solltest
er/sie/es/man	konnte	wollte	durfte	musste	sollte
wir	konnten	wollten	durften	mussten	sollten
ihr	konntet	wolltet	durftet	musstet	solltet
sie	konnten	wollten	durften	mussten	sollten

20. **b)** Gestern musste Michael auch Suppe essen. **c)** Gestern konnte Vera auch nicht einkaufen. **d)** Gestern durften die Kinder auch Cola trinken. **e)** Gestern konnte ich auch lange schlafen. **f)** Gestern mussten wir auch nicht arbeiten. **g)** Gestern wollten wir auch ganz brav sein. **h)** Gestern musstest du auch einen Brief schreiben. **i)** Gestern sollte ich auch Jeans anziehen. **j)** Gestern durftet ihr auch ein Eis essen. **k)** Gestern wollte der Junge auch nicht duschen.

21. **a)** ein neues Auto, ein neuer Nachbar, ein neuer Kollege, ein neues Leben
b) ein junger Großvater, ein junges Mädchen, junge Leute, eine junge Frau
c) ein altes Hotel, ein alter Kellner, eine alte Münze, alte Fragen
d) eine aktuelle Nachricht, eine aktuelle Farbe, ein aktuelles Problem, aktuelle Bücher
e) ein starker Mann, eine starke Frau, ein starker Kaffee, ein starkes Gefühl
f) ein schwacher Tee, schwache Männer, ein schwacher Junge, ein schwacher Regen
g) ein süßes Bonbon, ein süßer Kakao, süße Zwillinge, ein süßes Kleid
h) ein saurer Apfel, eine saure Zitrone, ein saurer Saft, eine saure Limonade
i) trockene Schuhe, ein trockener Wein, ein trockenes Zelt, ein trockener Schlafsack
j) eine nasse Jacke, eine nasse Katze, nasse Strümpfe, ein nasser Mantel
k) eine offene Tür, ein offenes Fenster, ein offener Schrank, offene Schränke
l) ein geschlossenes Buch, eine geschlossene Tür, geschlossene Augen, ein geschlossener Mund

22. **b)** Problem **c)** Glück **d)** Gesundheit **e)** Glückwunsch **f)** Durst **g)** Tag **h)** Mensch **i)** Stunde **j)** Farbe **k)** Haus **l)** Bart **m)** Tennisplatz **n)** Museum **o)** Unfall **p)** Sekunde **q)** Stern

23. **b)** dem **c)** den **d)** dem **e)** dem **f)** dem **g)** die **h)** die **i)** der **j)** der **k)** der **l)** die **m)** den **n)** der **o)** der **p)** der

24. **a)** kleiner dicker **b)** großer dicker **c)** weißen **d)** runden – dicken **e)** schwarzen – großen **f)** roten – grauen **g)** langen

25. **b)** mit einer schmalen Nase **c)** mit einer schwarzen Brille **d)** mit großen Ohren **e)** mit zwei kleinen Ohrringen **f)** mit starken Armen **g)** mit kurzen Beinen **h)** mit einer schwarzen Tasche **i)** mit weißen Sportschuhen **k)** mit kurzen schwarzen Haaren **l)** mit großen dunklen Augen **m)** mit einer schmalen langen Nase **n)** mit breiten schönen Lippen **o)** mit einem schönen roten Mund **p)** mit schönen langen Beinen **q)** mit kleinen schwarzen Schuhen **r)** mit einer modernen roten Handtasche

26. **a)** schwarzer – weißen **b)** weißer – schwarzen **c)** rote – grünen **d)** grüne – roten **e)** modernes – hübschen **f)** modernes – hübschen **g)** schwarze – gelben **h)** schwarze – gelben **i)** enge – weiten **j)** Enge – weiten **k)** grüner – blauen **l)** blauer – grünen **m)** große – kleinen **n)** kleine – großen **o)** junge – jungen **p)** kleine – kleinen

27. 2. die Haare 0. das Gesicht 5. die Augen 3. die Ohren 7. die Nase 1. die Wangen 4. die Lippen 8. die Zähne 9. der Hals 6. die Halskette

28. 7. der Bart 8. die Brust 9. der Rücken 10. der Arm 11. die Hand 12. der Fuß

29. **b)** seiner – seine – Ihre – ihrer **c)** seinen – seine – Ihre – ihren **d)** seinen – seine – Ihre – ihren **e)** seinen – seine – Ihre – ihren **f)** seinem – seine – Ihre – ihrem **g)** seinen – ihren – seinen – ihren

30. **b)** Was für einen **c)** Was für einem **d)** Was für einen **e)** Was für ein **f)** Was für ein **g)** Was für **h)** Was für einer **i)** Was für einen **j)** Was für einen **k)** Was für

31. **b)** schwarzen **c)** kleiner **d)** alten **e)** langen **f)** roten **g)** schwarzes **h)** weißen **i)** kleinen

32. **-e:** schwach – groß – hoch – breit – tief – still – ruhig – eilig
-heit: sicher – klar – gesund – zufrieden – verliebt – einfach – frech
-keit: fröhlich – herzlich – gemütlich – natürlich – ehrlich – richtig – wichtig

33. **a)** Margarine **b)** mögen – gesunde **c)** bequemen Mantel **d)** grünen Augen **e)** Nach – einen **f)** Mädchen – netten **g)** nascht – dem **h)** Telefonnummer – kompliziert **i)** An – Nagel **j)** ihrem Namen **k)** den neuen **l)** Nichte nicht **m)** Mitternacht – müde **n)** schönen – Hand **o)** Am – wunderbare

34. **c)** dicken **d)** ehrliche **e)** lieben **f)** alten **g)** neue **h)** herrlichen **i)** fetten **j)** österreichische

35. **a)** viel **b)** viele **c)** sehr **d)** viel **e)** viele **f)** wenig **g)** sehr **h)** sehr **i)** wenig **j)** wenige **k)** wenig **l)** viele **m)** wenige **n)** viel

36. **a)** eine schöne Pause, einen schönen Nachmittag, einen schönen Arbeitstag, eine schöne Woche, ein schönes Wochenende, einen schönen Abend, einen schönen Feierabend.
b) eine schöne Reise, eine schöne Fahrt, einen schönen Flug, einen schönen Urlaub, schöne Urlaubstage, schöne Ferien.
c) einen schönen Geburtstag, eine schöne Party, eine schöne Hochzeit, ein schönes Jubiläum, einen schönen Valentinstag, ein schönes neues Jahr, ein schönes Fest, schöne Weihnachten.

37. **b)** ihrem **c)** seiner **d)** ihr **e)** mein **f)** meine **g)** meine **h)** seine

38. **a)** fertig – fertige **b)** fleißige – fleißig **c)** richtig – richtige **d)** ruhig – ruhigen **e)** ruhige – ruhig **f)** wichtig – wichtigen **g)** vorsichtige – vorsichtig **h)** schwarzhaarig – schwarzhaarigen **i)** dauernd – dauernden **j)** ständigen – ständig **k)** dringend – dringende **l)** entzückend – entzückende **m)** spannende – spannend

39. **b)** Unter **c)** Unten **d)** über **e)** unten **f)** vorne **g)** vor **h)** Hinter **i)** hinten

40. **b)** Einen leichten, weiten und grauen Mantel suchen Sie. – Ja, ein leichter, weiter und grauer Mantel soll es sein. – Hier sind leichte, weite und graue Mäntel.
c) Bunt, fröhlich und lang soll sie sein. – Eine bunte, fröhliche und lange Jacke suchen Sie. – Ja, eine bunte, fröhliche und lange Jacke soll es sein. – Hier sind bunte, fröhliche und lange Jacken.
d) Gelb, elegant und modern soll es sein. – Ein gelbes, elegantes und modernes Hemd suchen Sie. – Ja, ein gelbes, elegantes und modernes Hemd soll es sein. – Hier sind gelbe, elegante und moderne Hemden.
e) Schwarz, groß und bequem sollen sie sein. – Schwarze, große und bequeme Schuhe suchen Sie. – Ja, schwarze, große und bequeme Schuhe sollen es sein. – Hier sind schwarze, große und bequeme Schuhe.

41. **b)** darauf **c)** darunter **d)** dazwischen **e)** darüber **f)** daran **g)** daneben

42. richtig: **c)**

43. **b)** Ein blauer Vogel fliegt über die Brücke. **c)** Auf dem Meer fahren zwei bunte Segelboote. **d)** Auf dem Bild kann man viele bunte Bäume sehen. **e)** Man sieht einen grünen Stern im Hintergrund. **f)** Auf der linken Seite sitzt eine weiße Puppe auf einem Sofa. **g)** In der Mitte steht ein großer Baum mit schwarzen Blättern. **h)** Rechts kann man einen alten Mann mit einem grünen Hut erkennen.

44. **a)** In der Küche steht ein dicker Mann. Der dicke Mann spricht mit einem kleinen Mädchen. Das kleine Mädchen spielt mit einem großen Hund. Der große Hund sieht eine schwarze Katze. Die schwarze Katze sucht eine graue Maus. Die graue Maus tanzt mit einer weißen Maus.
b) Auf der Wiese liegt ein weißes Pferd. Das weiße Pferd nascht an einem süßen Kuchen. Der süße Kuchen steht auf einem kleinen Tisch. Der kleine Tisch hat kurze Beine. Die kurzen Beine sehen aus wie dicke Würste.
c) Über dem See fliegt eine graue Taube. Die graue Taube bemerkt einen bunten Fisch im Wasser. Der bunte Fisch schwimmt zu einem weißen Segelboot. Auf dem weißen Segelboot sind viele fröhliche Menschen. Die fröhlichen Menschen singen ein schönes Lied.

45. **b)** Das Kleid ist grün. – Die Kleider sind grün.
Das grüne Kleid ist hübsch. – Die grünen Kleider sind hübsch.
Ich finde das grüne Kleid hübsch. – Ich finde die grünen Kleider hübsch.
Siehst du die Frau mit dem grünen Kleid? – Siehst du die Frauen mit den grünen Kleidern?

c) Die Bluse ist schwarz. – Die Blusen sind schwarz.
Die schwarze Bluse ist hübsch. – Die schwarzen Blusen sind hübsch.
Ich finde die schwarze Bluse hübsch. – Ich finde die schwarzen Blusen hübsch.
Siehst du die Frau mit der schwarzen Bluse? – Siehst du die Frauen mit den schwarzen Blusen?

d) Der Rock ist bunt. – Die Röcke sind bunt.
Der bunte Rock ist hübsch. – Die bunten Röcke sind hübsch.
Ich finde den bunten Rock hübsch. – Ich finde die bunten Röcke hübsch.
Siehst du die Frau mit dem bunten Rock? – Siehst du die Frauen mit den bunten Röcken?

46. **b)** Das ist ein grünes Kleid. – Das sind grüne Kleider.
Die Frau trägt ein grünes Kleid. – Die Frauen tragen grüne Kleider.
Ich sehe eine Frau mit einem grünen Kleid. – Ich sehe Frauen mit grünen Kleidern.

c) Das ist eine schwarze Bluse. – Das sind schwarze Blusen.
Die Frau trägt eine schwarze Bluse. – Die Frauen tragen schwarze Blusen.
Ich sehe eine Frau mit einer schwarzen Bluse. – Ich sehe Frauen mit schwarzen Blusen.

d) Das ist ein bunter Rock. – Das sind bunte Röcke.
Die Frau trägt einen bunten Rock. – Die Frauen tragen bunte Röcke.
Ich sehe eine Frau mit einem bunten Rock. – Ich sehe Frauen mit bunten Röcken.

Lektion 11

1. **b)** ihn – dich **c)** ihn – sich **d)** sie – sich **e)** es – sich **f)** sie – uns **g)** sie – euch **h)** sie – sich

2. **c)** ihn **d)** sich **e)** ihn **f)** sich **g)** sie **h)** sich **i)** sich **j)** es **k)** ihn **l)** sich **m)** ihn **n)** sich **o)** es **p)** sich **q)** ihn **r)** sich **s)** ihn

3. **a)** sich – **b)** sich – **c)** sich – **d)** – – **e)** – **f)** – **g)** sich **h)** – **i)** – sich

4. **a)** meins – meinem **b)** meinen **c)** meine **d)** meiner **e)** meine **f)** meiner **g)** meine

5. **a)** mir **b)** mich **c)** Ich **d)** Mir **e)** mich **f)** mich **g)** ich **h)** mir **i)** Ich **j)** mir **k)** mich

6. **b)** Die Frau steht vor dem Spiegel, denn sie will sich anschauen. **c)** Die Studentin setzt sich an den Schreibtisch, weil sie sich auf die Prüfung vorbereiten muss. **d)** Die Studentin sitzt am Schreibtisch, denn sie muss sich auf die Prüfung vorbereiten. **e)** Der Junge legt sich unter das Bett, weil er sich verstecken will. **f)** Der Junge liegt unter dem Bett, weil er sich versteckt hat. **g)** Der Großvater ist im Bad, weil er sich rasieren will. **h)** Der Großvater ist im Bad, denn er will sich rasieren. **i)** Die Malerin zieht sich schön an, denn sie will sich malen. **j)** Die Malerin zieht sich schön an, weil sie sich malen will. **k)** Der Landwirt geht ins Bad, weil er sich in die Badewanne legen will. **l)** Der Landwirt geht ins Bad, denn er will sich in die Badewanne legen. **m)** Die Sängerin ist in Eile, denn sie muss sich noch kämmen. **n)** Die Sängerin ist in Eile, weil sie sich noch kämmen muss.

7. **b)** Stelle **c)** Arbeiter **d)** Lehrling **e)** Schülerin **f)** Hausaufgaben **g)** Patient **h)** Kunde **i)** Sekretärin **j)** Automechaniker

8. **b)** nach **c)** an **d)** bei **e)** an **f)** über **g)** auf **h)** mit **i)** nach **j)** mit **k)** auf **l)** um

9. **a)** die – den – die – den – das – die **b)** den – die – die – die **c)** das – den – die – die – das **d)** dem – den – dem – der – der **e)** die – die – den **f)** dem – der – dem – dem **g)** dem – der – dem – dem – den **h)** der – der – dem – der – der **i)** der – dem – dem – den **j)** den – den – das – die – den – die **k)** die – das – das – den – das

10. **a)** 2 **b)** 1 **c)** 2 **d)** 3 **e)** 1

11.

Vera Schreiber	*Jens Zuchgarn*	*Claudia von Bornfeld*	*Richard Schmidt*
Aupairmädchen in Mexiko	Zivildienst im Krankenhaus	Stipendium	Lehre als Koch
Sprachen	Psychologie und Philosophie	Jura	Hotelfachschule
Lehrerin für Englisch und Spanisch	Mitarbeiter in einer Werbeagentur	Assistentin an der Universität	Restaurantchef
Autorin von Kinderbüchern	Chef einer Werbeagentur	Angestellte in der Auslandsabteilung der Deutschen Bank	Geschäftsführer einer Steak-House-Filiale

12. **b)** endlich **c)** gleichzeitig **d)** davor **e)** bis dann **f)** diesmal **g)** jede Nacht **h)** vorne **i)** morgen **j)** nicht mehr **k)** noch nicht **l)** langsam **m)** nur für kurze Zeit **n)** immer noch

13. **a)** eine **b)** eine **c)** Jeden – jeden **d)** Jede **e)** einen – einem **f)** der **g)** einem **h)** einem **i)** einem **j)** einen – einem **k)** dieser **l)** der **m)** seiner

14. **b)** des Schülers **c)** des Kindes **d)** des Geldes **e)** des Urlaubs **f)** der Psychologie **g)** der Garage **h)** des Kochs **i)** der Tiere **j)** der Karriere

15.

ich:	meines Vaters	Meiner Mutter	meines Kindes	meiner Freunde
du:	deines Großvaters	Deiner Großmutter	deines Aupairmädchens	deiner Eltern
er:	seines Onkels	Seiner Tante	seines Babys	seiner Zwillinge
sie:	ihres Bruders	ihrer Schwester	ihres Kindes	ihrer Familien
es:	seines Großvaters	Seiner Tochter	seines Aupairmädchen	seiner Kinder
wir:	unseres Sohnes	Unserer Großmutter	unseres Kindes	unserer Freundinnen
ihr:	eures Chefs	eurer Chefin	eures Aupairmädchen	eurer Kollegen
sie:	ihres Geschäftsführers	ihrer Geschäftsführerin	ihres Babys	ihrer Kinder
Sie:	Ihres Geschäftsführers	Ihrer Geschäftsführerin	Ihres Babys	Ihrer Kinder

16. **b)** meiner Großmutter **c)** meines Autos **d)** meiner Töchter **e)** meines Sohnes **f)** meines Chefs **g)** meiner Kolleginnen **h)** meiner Katzen **i)** meines Freundes – meines Computers

17. **a)** in **b)** mit **c)** an **d)** über **e)** in – auf **f)** über **g)** für **h)** gegen **i)** über **j)** mit

18. **a)** für **b)** in **c)** um **d)** auf **e)** für **f)** über **g)** mit **h)** auf **i)** auf **j)** für **k)** um **l)** für **m)** zu **n)** als **o)** bei **p)** als **q)** bei **r)** mit (in) **s)** mit

19. **b)** die Party **c)** Erfahrung **d)** alt **e)** Freunde **f)** das Licht **g)** mit einem Auftrag **h)** um das Essen **i)** eine Einladung **j)** einen Ehemann

20. **b)** dich **c)** ihr **d)** ihn **e)** ihn **f)** ihm **g)** dich **h)** dir **i)** ihn **j)** uns

21. **a)** Nein, denn es gibt gar keine Vorschule in Deutschland. **b)** Sie besuchen einen Kindergarten. **c)** Mit 6 Jahren. **d)** Auf dem Gymnasium. **e)** Ja, aber es ist schwierig. **f)** 13 Jahre. **g)** Sie beginnen ein Studium an einer Universität.

22. **a)** Lehrstelle – Bewerbungen – Zusage – Traumberuf – Friseursalon – Familie **b)** Musik – Schlagzeug – Musiker – Eltern – Beruf – Geld **c)** Lehrer – Pläne – Polizei – Ausbildung – Automechaniker – Stelle **d)** Gymnasium – Noten – Abitur – Fotografin – Chance – Antworten

23. **a)** auf **b)** über **c)** über **d)** auf **e)** auf **f)** über

24. **a)** mit **b)** mit **c)** über **d)** über **e)** mit **f)** Mit

25. **a)** bei **b)** um **c)** bei **d)** um **e)** um **f)** bei

26. **b)** darüber **c)** daran **d)** dafür **e)** davor **f)** damit **g)** dadurch **h)** danach **i)** davon **j)** dazu **k)** daraus **l)** dagegen

27. **a)** Worüber habt ihr gesprochen? **b)** Wonach habt ihr gesucht? **c)** Wovor habt ihr denn Angst? **d)** Wovon hast du gerade den Kindern erzählt? **e)** Woraus macht man eigentlich Knödel? **f)** Wofür hast du die Decke gekauft? **g)** Woran denkst du gerade? **h)** Womit willst du die Katze füttern?

28. **(Mann)** Großvater – Vater – Sohn – Onkel – Enkel – Bruder – Neffe
(Frau) Großmutter – Mutter – Tochter – Tante – Enkelin – Schwester – Nichte

29. **a)** 5 **b)** 9 **c)** 2 **d)** 8 **e)** 7 **f)**10 **g)** 4 **h)** 6 **i)** 1 **j)** 3

30. **b)** Das Boot meiner Freundin ist rot. **c)** Das Auto ihres Vaters steht in der Garage. **d)** Der Ball seines Kindes ist kaputt. **e)** Der Hund deines Bruders möchte eine Wurst haben. **f)** Das Pferd ihrer Kollegin hat schöne Augen. **g)** Die Einladung meines Chefs hat mich gefreut. **h)** Der Eingang deines Hauses gefällt mir. **i)** Die Hose seines Onkels finde ich hässlich.

31. **b)** einer Tür **c)** eines Brotes **d)** Bein eines Tisches **e)** Rand eines Daches **f)** Fahrer eines Taxis **g)** Schlüssel eines Autos **h)** Tor einer Garage **i)** Wand eines Zimmers **j)** Tür eines Hauses **k)** Decke eines Tisches **l)** Name einer Familie

32. **a)** sich **b)** sich **c)** dir **d)** uns **e)** dir **f)** mir **g)** uns **h)** euch **i)** mir **j)** sich

33. **Das stimmt.** Das ist richtig. – Das kann ich mir vorstellen. – Da hast du Recht. – Das meine ich auch. – Das ist auch meine Meinung. – Das finde ich auch.
Das glaube ich nicht. Das kann ich mir nicht vorstellen. – Das stimmt nicht. – Das sehe ich anders. – Das ist nicht richtig. – Das finde ich nicht. – Da bin ich anderer Meinung.

34. **b)** einer deutschen **c)** eines großen **d)** eines kleinen **e)** einer großen **f)** meiner lieben **g)** unserer kranken **h)** deiner kleinen **i)** seiner netten **j)** meines neuen **k)** ihres alten **l)** ihrer alten

35. **b)** einer kleinen Firma. – einer kleinen Firma. – eine kleine Firma. **c)** eines kleinen Geschäfts.– einem kleinen Geschäft. – ein kleines Geschäft. **d)** kleiner Unternehmen. – kleinen Unternehmen. – kleine Unternehmen.

36. **b)** Er ist Leiter einer italienischen Firma. **c)** Er ist Leiter einer deutschen Firma. **d)** Er ist Leiter einer amerikanischen Firma. **e)** Er ist Leiter einer griechischen Firma. **f)** Er ist Leiter einer polnischen Firma. **g)** Er ist Leiter einer russischen Firma. **h)** Er ist Leiter einer brasilianischen Firma. **i)** Er ist Leiter einer kanadischen Firma. **j)** Er ist Leiter einer chinesischen Firma. **k)** Er ist Leiter einer ägyptischen Firma. **l)** Er ist Leiter einer spanischen Firma. **m)** Er ist Leiter einer mexikanischen Firma. **n)** Er ist Leiter einer türkischen Firma. **o)** Er ist Leiter einer englischen Firma. **p)** Er ist Leiter einer argentinischen Firma. **q)** Er ist Leiter einer österreichischen Firma.

37. (Modell) **b)** Ich habe die Grundschule in Pinneberg besucht und bin dann in Hamburg aufs Gymnasium gekommen. **c)** Ich habe kein Abitur gemacht, sondern mir einen Job als Tankwart gesucht. **d)** Ich bin zwei Jahre als Seemann auf einem Containerschiff gefahren. **e)** 1989 habe ich mit meinem Motorrad an der Rallye Paris-Dakar teilgenommen. **f)** In Afrika habe ich für eine große Ölfirma gearbeitet. **g)** 1991 habe ich mich in Berlin mit einem Souvenirladen selbstständig gemacht. **h)** Von 1994 bis 1998 habe ich als Journalist für eine Tageszeitung gearbeitet und über Sportveranstaltungen berichtet. **i)** 1999 bin ich ein halbes Jahr durch Venezuela, Ecuador und Bolivien gereist. **j)** Zurzeit lebe ich in den Anden und schreibe ein Buch über meine Reiseerlebnisse.

38. **a)** auf – um **b)** auf – über **c)** mit **d)** mit – an **e)** durch **f)** für **g)** bei **h)** mit

39. **a)** 4 **b)** 5 **c)** 6 **d)** 3 **e)** 1 **f)** 2

Lektion 12

1. **b)** in Müll **c)** Kuchen **d)** Suppen **e)** Schlaf **f)** mit einem Flohmarkt **g)** bei einem Hobby **h)** auf einem Pferd **i)** Zeit in der Zeitung **j)** seinen Kopf

2. **b)** Temperatur **c)** Kredit **d)** Ufer **e)** Liter **f)** Fehler

3. richtig: **c)**

4. **b)** Ein Weihnachtsmann aus Wien hat 5000 Würstchen auf dem Weihnachtsmarkt verkauft. **c)** Ein Pilot aus Pinneberg hat einen Unfall auf einem Parkplatz provoziert. **d)** Ein Oldtimer-Händler aus Oldenburg hat in einem Oldtimer-Flugzeug geheiratet. **e)** Ein Bäckerlehrling aus Bielefeld hat Brötchen im Backofen nicht beachtet. **f)** Ein Polizist aus Paderborn hat elf Tage lang leere Zelte beobachtet. **g)** Ein Lehrer aus Leipzig hat zehn Jahre lang in Luxemburg gelebt. **h)** Clowns aus Kopenhagen haben für kranke Kinder gespielt. **i)** Arbeiter aus Athen haben im Aufzug die Stimme von Elvis Presley gehört. **j)** Maler aus Marburg haben Mitglieder vom Motorradclub gemalt.

5. **b)** dass sie 40 Stunden geduscht haben? **c)** dass er in 60 Sekunden 600.000,- Euro verdient hat? **d)** dass er in 17 Sekunden 37 Mineralwasserflaschen aufgemacht hat? **e)** dass sie in 90 Minuten geheiratet haben? **f)** dass sie 40 Stunden ohne Pause gearbeitet haben? **g)** dass sie 5 Stunden auf den Bus gewartet haben? **h)** dass sie 60 000 Dollar gekostet haben? **i)** dass sie 70 Stunden vom Surfturnier berichtet haben? **j)** dass sie 80 Briefe vergessen haben? **k)** dass sie 900 Dollar in ihrer Handtasche gefunden hat? **l)** dass er bei einem Autorennen mitgefahren ist? **m)** dass sie in einem Zug auf 50 Grad gestiegen ist? **n)** dass er sein Taxi zwei Stunden gesucht hat?

6.

Infinitiv	***Präteritum*** er/sie/es...	***Infinitiv***	***Präteritum*** er/sie/es...	***Infinitiv***	***Präteritum.*** er/sie/es...
tauchen	tauchte	suchen	suchte	spielen	spielte
eintauchen	tauchte ein	besuchen	besuchte	mitspielen	spielte mit
machen	machte	versuchen	versuchte	vorspielen	spielte vor
aufmachen	machte auf	aussuchen	suchte aus	lieben	liebte
zumachen	machte zu	weitersuchen	suchte weiter	sich verlieben	verliebte sich
arbeiten	arbeitete	warten	wartete	berichten	berichtete
mitarbeiten	arbeitete mit	erwarten	erwartete	kosten	kostete
einschalten	schaltete ein	achten	achtete	leisten	leistete
ausschalten	schaltete aus	beobachten	beobachtete	beten	betete

7. **b)** Ravensburger Rentner riefen drei Rettungswagen. **c)** Bitburger Bauer stieß im Garten auf Goldmünzen. **d)** Flensburger Fahrer fuhr bei fünf Fahrradrennen falsch. **e)** Verliebter Brandenburger Busfahrer vergaß 3 Haltestellen. **f)** Tiger im Zoo von Hamburg stiegen nachts aus dem Käfig. **g)** Salzburger Sänger bekam eine kalte Dusche vom Balkon.

8.

Infinitiv	***Präteritum*** er/sie/es...	***Perfekt*** er/sie/es...	***Infinitiv*** er/sie/es...	***Präteritum*** er/sie/es...	***Perfekt*** er/sie/es...
fahren	fuhr	ist gefahren	finden	fand	hat gefunden
mitfahren	fuhr mit	ist mitgefahren	bekommen	bekam	hat bekommen
graben	grub	hat gegraben	rufen	rief	hat gerufen
wissen	wusste	hat gewusst	anrufen	rief an	hat angerufen
vergessen	vergaß	hat vergessen	steigen	stieg	ist gestiegen
sehen	sah	hat gesehen	einsteigen	stieg ein	ist eingestiegen
geben	gab	hat gegeben	stoßen	stieß	ist gestoßen
liegen	lag	hat gelegen	sein	war	ist gewesen
stehen	stand	hat gestanden	haben	hatte	hat gehabt

9. **c)** eine Tasse für Kaffee **d)** eine Tasse aus Glas **e)** ein Topf für Braten **f)** ein Topf aus Metall **g)** ein Deckel für einen Topf **h)** ein Deckel aus Glas **i)** ein Teller aus Holz **j)** ein Teller für Pizza **k)** ein Löffel für Zucker **l)** ein Löffel aus Plastik **m)** eine Gabel aus Metall **n)** eine Gabel für Kuchen **o)** Messer für Brot **p)** ein Messer aus Metall **q)** ein Regal aus Holz **r)** ein Regal für Bücher **s)** ein Sack für Müll **t)** ein Sack aus Plastik **u)** Schuhe aus Leder **v)** Schuhe für Sport **w)** eine Wand aus Bildern **x)** eine Wand aus Holz

10. **b)** Glassaft **c)** Lederschal **d)** Ölhammer **e)** Goldbriefmarke **f)** Plastikwasser **g)** Holzeis **h)** Honigmarmelade **i)** Zuckerwurst **j)** Pfefferfluss **k)** Eisofen **l)** Wasserhemd **m)** Regenbikini

11. **b)** 4 **c)** 1 **d)** 3 **e)** 6 **f)** 5 **g)** 12 **h)** 9 **i)** 8 **j)** 13 **k)** 10 **l)** 7 **m)** 11

12. **a)** einen Ast **b)** eine Katze **c)** den Kopf **d)** den Wald **e)** auf einem Sofa **f)** auf dem Dach **g)** am Telefon **h)** ein Missgeschick **i)** einen Hilferuf **j)** Bescheid **k)** einen Werkzeugkasten **l)** Glück **m)** ein Marmeladenglas **n)** die Zähne

13. **b)** gegen das Regal stieß, rief er „Hilfe“. **c)** blutete, verband ihm seine Frau die linke Hand. **d)** aufstand, nahm sie seine rechte Hand. **e)** die Hilferufe von Herr Ertl hörten, holten sie einen Automechaniker. **f)** am Lenkrad zogen, sagte der Automechaniker: „Vorsichtig!“ **g)** die Katze fand, stand sie an einer Wand. **h)** die Katze fangen wollte, ging die Tür zu. **i)** klingelte, hörte er die Hilferufe von Herrn Ertl.

14. **b)** Als ich unter einem Baum gelegen habe, ist mir ein Ei auf den Kopf gefallen. **c)** Als ich in der Küche ein Omelett gebacken habe, bin ich ausgerutscht. **d)** Als die Panne mit der Pfanne passiert ist, ist das Omelett auf meinen Kopf gefallen. **e)** Als ich das Bügeleisen angemacht habe, hat das Telefon geklingelt. **f)** Als ich „Hallo“ gesagt habe, habe ich das heiße Bügeleisen ans Ohr gehalten. **g)** Als ich den Gartentisch gestrichen habe, ist mein Mobiltelefon in die Farbe gefallen. **h)** Als ich auf die Terrasse gegangen bin, ist ein Plastiktopf auf meinen Kopf gefallen.

15. **b)** Während er einschläft, kommt ein spannender Film. Während er einschlief, kam ein spannender Film. **c)** Während der spannende Film kommt, sieht die Katze fern. Während der spannende Film kam, sah die Katze fern. **d)** Während sie duscht, singt sie. Während sie duschte, sang sie. **e)** Während sie singt, trocknet sie ihre Haare. Während sie sang, trocknete sie ihre Haare. **f)** Während sie die Haare trocknet, klingelt der Briefträger. Während sie die Haare trocknete, klingelte der Briefträger. **g)** Während sie badet, hört sie Musik. Während sie badete, hörte sie Musik. **h)** Während sie Musik hört, schläft sie ein. Während sie Musik hörte, schlief sie ein. **i)** Während sie schläft, wird das Wasser kalt. Während sie schlief, wurde das Wasser kalt. **j)** Während er den Pullover anzieht, zieht er die Schuhe aus. Während er den Pullover anzog, zog er die Schuhe aus. **k)** Während er die Schuhe auszieht, telefoniert er. Während er die Schuhe auszog, telefonierte er. **l)** Während er telefoniert, rasiert er sich. Während er telefonierte, rasierte er sich.

16.

Infinitiv	*Präteritum*	*Perfekt*
	er/sie/es…	er/sie/es…
steigen	stieg	ist gestiegen
schweigen	schwieg	hat geschwiegen
schreiben	schrieb	hat geschrieben
bleiben	blieb	ist geblieben
leihen	lieh	hat geliehen
verzeihen	verzieh	hat verziehen
entscheiden	entschied	hat entschieden
greifen	griff	hat gegriffen
reiten	ritt	ist geritten
streiten	stritt	hat gestritten
schneiden	schnitt	hat geschnitten
reißen	riss	hat gerissen
streichen	strich	hat gestrichen

Infinitiv	*Präteritum*	*Perfekt*
er/sie/es…	er/sie/es…	er/sie/es…
feiern	feierte	hat gefeiert
heizen	heizte	hat geheizt
weinen	weinte	hat geweint
zeigen	zeigte	hat gezeigt
reisen	reiste	ist gereist
befreien	befreite	hat befreit
beleidigen	beleidigte	hat beleidigt

17.

Infinitiv	*Präteritum*	*Perfekt*
i	**a**	**u**
	er/sie/es...	er/sie/es...
singen	sang	hat gesungen
gelingen	gelang	ist gelungen
springen	sprang	ist gesprungen
sinken	sank	ist gesunken
finden	fand	hat gefunden
verbinden	verband	hat verbunden

18. **b)** unterhielten sie sich. **c)** ging das Licht an. **d)** riefen sie zusammen um Hilfe. **e)** hörte sie ein Nachbar. **f)** rief er die Polizei. **g)** kam ein Polizist. **h)** schlug er an die Tür. **i)** fuhr der Aufzug wieder. **j)** lachten sie.

19. **b)** Sie war dabei ihre Bluse zu bügeln, als jemand an der Tür klingelte. **c)** Sie war dabei am Fenster ihre Bluse zu bügeln, als jemand unten an der Haustür klingelte. **d)** Er war dabei zu telefonieren, als jemand klopfte. **e)** Er war dabei mit seiner Freundin zu telefonieren, als jemand ans Fenster klopfte. **f)** Er war dabei im Arbeitszimmer mit seiner Freundin zu telefonieren, als jemand unten ans Fenster klopfte. **g)** Sie waren dabei zu lesen, als jemand anrief. **h)** Sie waren dabei ein Buch zu lesen, als plötzlich jemand aus München anrief. **i)** Sie waren dabei gemütlich ein Buch zu lesen, als plötzlich jemand aus einer Telefonzelle in München anrief. **j)** Er war dabei zu duschen, als die Tür aufging. **k)** Er war dabei kalt zu duschen, als die Tür des Zimmers aufging. **l)** Er war dabei im Bad kalt zu duschen, als die Tür des Badezimmers langsam aufging.

20.

Infinitiv	*Präsens*	*Präteritum*	*Perfekt*
	er/sie/es...	er/sie/es...	er/sie/es...
abbiegen	biegt ab	bog ab	ist abgebogen
fliegen	fliegt	flog	ist geflogen
steigen	steigt	stieg	ist gestiegen
einschlafen	schläft ein	schlief ein	ist eingeschlafen
aufstehen	steht auf	stand auf	ist aufgestanden
fallen	fällt	fiel	ist gefallen
laufen	läuft	lief	ist gelaufen
reiten	reitet	ritt	ist geritten
rennen	rennt	rannte	ist gerannt
schwimmen	schwimmt	schwamm	ist geschwommen
sinken	sinkt	sank	ist gesunken
springen	springt	sprang	ist gesprungen
sterben	stirbt	starb	ist gestorben
werden	wird	wurde	ist geworden
wachsen	wächst	wuchs	ist gewachsen

21. **b)** Wenn **c)** Als **d)** Wann **e)** während **f)** Als

22. **b)** bleibt sitzen **c)** bleibt stehen **d)** bleibt – hängen **e)** bleibt – stehen **f)** sitzen bleiben **g)** bleibt – stecken

23. **b)** schwimmen **c)** schlafen **d)** spazieren **e)** lernt – kennen **f)** singen **g)** sprechen **h)** fahren **i)** rechnen

24. **b)** Obwohl Herr Ertl viele Pannen erlebt hat, hatte er immer Glück im Unglück. **c)** Obwohl ich zehn Jahre studiert habe, verstehe ich dieses Problem nicht. **d)** Obwohl sie mit Tigern arbeitet, hat sie keine Angst. **e)** Obwohl er immer schneller arbeitet, hat er immer weniger Zeit. **f)** Obwohl er wenig Zeit hat, trifft er oft seine Freunde. **g)** Obwohl er nicht viel Geld hat, ist er zufrieden.

25. **b)** Eines Morgens klingelte sein Wecker nicht. **c)** Eines Vormittags ging er ohne Schuhe zum Bäcker. **d)** Eines Nachmittags war er ohne Geld an der Kasse im Supermarkt. **e)** Eines Abends wollte er ohne Brille ins Kino gehen. **f)** Eines Nachts wachte er auf, weil das Meer sehr laut war.

26. **a)** Aufregung **b)** Verbrecher **c)** Strumpf **d)** Angestellten **e)** Kunde **f)** Motorrad **g)** Kaufhaus **h)** Kleidung **i)** Geld **j)** Wohnung

27. **a)** in eine gefährliche Situation. **b)** und musste deshalb auf einer Bundesstraße landen. **c)** weil nur wenige Autos auf der Straße waren. **d)** und brachte die Pilotin zum Flugplatz zurück. **e)** dass sie sich beim Landen nicht verletzt hat.

28. **a)** ging **b)** Polizei **c)** aufgeregt **d)** Angst **e)** dachte **f)** Verbrechen **g)** machte **h)** Glück **i)** Telegramm **j)** Urlaub

29. **a)** Die Pilotin landete auf der Straße, weil der Motor ihres Flugzeugs brannte.
b) Die Polizei organisierte eine Umleitung und brachte Benzin für das Flugzeug.
c) Ein älterer Herr erkannte den Verbrecher und rief die Polizei.
d) Die alte Dame dachte an ihre Freundin, weil sie sich Sorgen machte.
e) Die Polizei kannte den Verbrecher, weil er immer rote Schuhe trug.
f) Der Gangster rannte zu seinem Motorrad und fuhr in Richtung Bahnhof.
g) Die Pilotin rief die Polizei an und nannte ihren Namen.

30. **a)** Ich war mit meinem Auto auf dem Weg nach Hause und hörte eine Sendung im Radio. **b)** Ich bin nicht schnell gefahren, weil es ziemlich neblig war. **c)** Als der Unfall passierte, war es etwa Viertel nach sieben. **d)** Der andere Wagen hielt nicht an, sondern bog gleich nach rechts ab. **e)** Ich habe versucht zu bremsen, aber es war schon zu spät. **f)** Obwohl ich wie verrückt gebremst habe, stieß ich mit dem anderen Wagen zusammen. **g)** Ich musste auf meiner Seite bleiben, weil ein Lastwagen von vorn kam.

31. **a)** die Wahrheit sagen muss. **b)** auf der B 68 in Richtung Paderborn fuhr. **c)** war die Straße glatt. **d)** Herr Hübner vorsichtig. **e)** andere Wagen plötzlich aus einem Weg kam. **f)** weil von dort ein Lastwagen kam. **g)** die Nummer des Lastwagens nicht erkennen. **h)** weil er der Zeuge und nicht der Angeklagte ist.

32. **b)** Vor dem Gericht muss der Zeuge die Wahrheit sagen. **c)** In der Fußgängerzone erkannte ein Mann den Verbrecher. **d)** In einem Taxi bekam eine Frau ein Baby. **e)** Bei der Polizei meldete sich gestern eine aufgeregte alte Dame. **f)** Während einer Sitzung schlief heute ein müder Minister ein. **g)** In einer Kiste fand ein Mädchen römische Geldstücke. **h)** Zwischen Kühen und Schafen wachte morgens ein Mann auf. **i)** Wegen des starken Nebels fuhr das Auto an einen Baum. **j)** Nach der Arbeit haben sich die Kollegen in einer Kneipe getroffen. **k)** Über die Fragen des Richters ärgerte sich der Zeuge. **l)** Trotz des starken Regens haben die Arbeiter viele Stunden demonstriert. **m)** Mit einer Schusswaffe überfiel ein Verbrecher die Angestellten einer Sparkasse.

33. **b)** während des frechen Überfalls **c)** trotz des kalten Wassers **d)** trotz der glatten Straße **e)** Trotz des schweren Unfalls **f)** Während der langweiligen Rede **g)** wegen der gefährlichen Panne **h)** wegen des strengen Richters **i)** während der langen Zugfahrt

34. **b)** Als sie mit ihrem Hund um die Ecke bog, flog ein Vogel über ihnen. **c)** Als er auf dem Balkon ein Erdbeereis genoss, brachte ihm seine Frau eine Tasse Tee. **d)** Als sie in ihrem Zimmer einen langen Brief schrieb, hörte sie am Fenster eine Stimme. **e)** Als er am See saß und seinen Arm verband, verschwand sein Auto im Wasser. **f)** Als sie mit ihrer linken Hand einen Ball auffing, kam ihr Sohn aus dem Haus. **g)** Als es plötzlich zu regnen anfing, schloss er das Fenster. **h)** Als das Wasser aus der Badewanne floss und den Boden nass machte, lachte er nur. **i)** Als der Hund die Taube sah und sie fangen wollte, flog der Vogel weg.

35. **a)** 7 **b)** 5 **c)** 3 **d)** 6 **e)** 8 **f)** 1 **g)** 2 **h)** 4

36. **a)** Wann hatte das Ehepaar Angst? **b)** Wann wurde der Mörder gefährlich? **c)** Warum kam die Polizei? **d)** Warum wachte das Ehepaar nachts auf? **e)** Wann brauchte er Hilfe? **f)** Warum war es dunkel im Zimmer? **g)** Wann entdeckten die Jungen die Bombe? **h)** Wann fand das Paar ein einsames Haus?

37. **a)** Toten **b)** tot **c)** tödlich **d)** getötet **e)** Tod **f)** tötet **g)** tödliche **h)** tödlichen **i)** Todes **j)** tote **k)** Tote

38. **a)** Entdeckung **b)** Beweis **c)** Bremse **d)** Dunkelheit **e)** Landung **f)** Rettung **g)** Überfall **h)** Flucht

39. **b)** 1–2 **c)** 1–3 **d)** 1–2 **e)** 1–2 **f)** 2–3 **g)** 1–2

40. **b)** Dann wartete er in der Nähe der Sparkasse. **c)** Er schaute immer durch die Fenster. **d)** Als die Sparkasse leer war, zog er sich den Strumpf über den Kopf. **e)** Dann nahm er eine Kinderpistole aus der Tasche. **f)** Die Angestellte gab ihm sofort Geld. **g)** Da kam plötzlich der Direktor und rief um Hilfe. **h)** Er bekam Angst und rannte zu seinem Fahrrad. **i)** Dabei vergaß er das Geld. **j)** Er fuhr nach Hause und kochte Kaffee. **k)** Abends kam ein Polizist und nahm ihn mit.

41. **b)** 13 **c)** 10 **d)** 14 **e)** 12 **f)** 1 **g)** 6 **h)** 2 **i)** 9 **j)** 11 **k)** 5 **l)** 8 **m)** 7 **n)** 4

42. **a)** parkte **b)** rettete **c)** schwieg **d)** erlebte **e)** bewies **f)** verband **g)** zog **h)** verriet **i)** organisierte **j)** floss **k)** empfahl **l)** verbrachte

43. **a)** Original **b)** Knopf **c)** Lift **d)** Hof **e)** Geschwister **f)** Fußgängerzone **g)** Bauchschmerzen **h)** Geschichte **i)** Panne **j)** Rollstuhl **k)** Laden **l)** Hilfe **m)** See

44. **b)** einen Kartoffelsack **c)** einen Suppenteller **d)** ein Weinglas **e)** eine Fischgabel **f)** acht Teller Suppe **g)** eine Tasse Tee **h)** einen Zuckerlöffel **i)** einen Topf Fleisch **j)** eine Tüte Plastik **k)** einen Bananenkarton

45. **b)** der Vorteil **c)** der Streik **d)** der Polizist **e)** das Geräusch **f)** die Wahrheit **g)** die Geschichte **h)** das Haus **i)** der Pass **j)** der Platz **k)** die Kneipe **l)** die Schlagzeile **m)** das Wasser im Glas **n)** die Umleitung **o)** der Strand **p)** die Temperatur **q)** der Hof

Lektion 13

1. **b)** das Weimarer Goethehaus **c)** das Salzburger Mozarthaus **d)** der Duisburger Zoo **e)** der Hamburger Hafen **f)** der Berliner Bär **g)** die Wiener Cafés **h)** das Heidelberger Schloss **i)** die Schweizer Seen **j)** der Genfer See **k)** die Schwarzwälder Kirschtorte

2. **b)** den ich oft fotografiert habe. **c)** den er bestiegen hat. **d)** der sehr gefährlich ist. **e)** der immer sehr dunkel ist. **f)** den er gut kennt. **g)** den sie malen möchte. **h)** der sehr breit ist. **i)** der ihm schmeckt. **j)** den er gebacken hat. **k)** den sie nur bei Festen trägt. **l)** der sonst im Schrank liegt. **m)** der auf vielen Ansichtskarten ist. **n)** den er in Berlin gekauft hat. **o)** der vor seinem Haus hält. **p)** den er praktisch findet. **q)** der oft langsam fährt. **r)** den er nur selten benutzt.

3. **b)** der – den **c)** den – der **d)** der – der **e)** den **f)** der **g)** den – der **h)** der **i)** den – der **j)** der – den

4. **b)** Das ist meine Nachbarin, die oft viel Arbeit hat. **c)** Das ist mein Bruder, der nur am Wochenende Zeit hat. **d)** Das ist meine Schwester, die es meistens eilig hat. **e)** Das ist mein Sohn, der manchmal ungewöhnliche Ideen hat. **f)** Das ist meine Tochter, die oft Pech mit ihrem alten Auto hat. **g)** Das ist meine Tante, die Glück in der Liebe hat. **h)** Das ist mein Onkel, der Glück im Spiel hatte. **i)** Das ist mein Vater, der immer Zeit für ein Gespräch hat. **j)** Das ist meine Mutter, die viele Hobbys hat. **k)** Hier spielt unsere junge Katze, die immer Lust dazu hat.

5. **a)** den der Reporter fotografiert hat. **b)** der den Reporter fotografiert hat. **c)** der seinen Sohn auf der Raststätte vergessen hat. **d)** den sein Vater auf der Raststätte vergessen hat. **e)** den er gerufen hat. **f)** der ihn gerufen hat. **g)** den der Mann gerettet hat. **h)** der den Mann gerettet hat.

6. **a)** see **b)** fondue **c)** wurst **d)** markt **e)** schloss **f)** haus **g)** flugzeug **h)** baum

7. **a)** Apfel **b)** Bade **c)** Märchen **d)** Blumen **e)** Nord **f)** Wein **g)** Alpen **h)** Käse

8. **b)** 18 **c)** Musikerin **d)** Gerda **e)** Hafenkrankenhaus Hamburg **f)** Bauer **g)** Plätzchen **h)** Kirschtorte **i)** Michael **j)** Vera Schreiber **k)** Peter Ertl

9. **b)** der den lustigen Buchhändler gerufen hat **c)** die die freundliche Bedienung geschrieben hat **d)** die die Speisekarte geschrieben hat **e)** das das schöne Foto gegessen hat **f)** das das nette Kind gegessen hat **g)** der den wichtigen Brief verloren hat **h)** den der schnelle Briefträger verloren hat **i)** die den dummen Fuchs entdeckt haben **j)** der die dummen Bauern entdeckt hat

10. **b)** einem großen Hut **c)** einem wunderschönen Kleid **d)** einer bunten Krawatte **e)** einem grünen Meer **f)** gelben Strümpfen **g)** mit roten Haaren

11. **b)** der einen schweren Koffer trägt **c)** die blaue Augen hat **d)** der am Lenkrad sitzt **e)** der bunte Bälle in der Hand hat **f)** der eine dunkle Sonnenbrille trägt **g)** der Wanda heißt

12. **a)** f **b)** r **c)** f **d)** r **e)** r **f)** f **g)** f **h)** r **i)** f **j)** f **k)** r **l)** r **m)** r **n)** f **o)** r **p)** f **q)** f **r)** r **s)** r **t)** f

13. **b)** Meer **c)** Schnee **d)** Fell **e)** Klima **f)** Sonnenbrille **g)** Schranke **h)** Bein **i)** Gebirge **j)** Gramm **k)** Woche **l)** Passagier **m)** Wald

14. **b)** Abend **c)** Nacht **d)** Süden **e)** Schnee **f)** Tier **g)** Land **h)** Mensch **i)** Autofahrer **j)** Enkel **k)** Hose **l)** Breite

15. **b)** reisen **c)** rennen **d)** bedecken **e)** wandern **f)** liegen **g)** fließen **h)** fahren **i)** beginnen **j)** leben **k)** springen **l)** suchen **m)** ziehen **n)** zurückreisen

16. **b)** von dem ich viele Fotos gemacht habe **c)** durch das ich ohne Schuhe gelaufen bin **d)** durch den ich einmal geschwommen bin **e)** auf den die Leute gewartet haben **f)** auf dem man die Post zur Insel bringt **g)** mit der ich einmal gefahren bin **h)** in dem ich zum ersten Mal Wildpferde gesehen habe **i)** in den ich noch einmal gehen möchte **j)** in dem man mitten durch Interlaken fährt **k)** über die jährlich eine Million Autos fahren **l)** von der man eine herrliche Aussicht hat **m)** auf dem ich einmal gestanden habe

17. **a)** das so schön wie im Märchen ist. **b)** die an der Nordsee ist. **c)** das zweimal am Tag verschwindet. **d)** den das Meer normalerweise bedeckt. **e)** die Pferde ziehen. **f)** die über eine Straße fährt. **g)** die man um den Hals trägt. **h)** der mit hohem Tempo fährt. **i)** in denen man mit etwas Glück Gold finden kann. **j)** die man bei Festen im Schwarzwald trägt.

18. **a)** am Tag zweimal verabschiedet. **b)** die Stadt, die in dem engen Tal der Wupper liegt. **c)** Dülmen liegt der Naturpark, in dem die Wildpferde frei leben. **d)** die jungen Männer, die die Pferde fangen. **e)** die Großglockner-Straße, über die jährlich eine Million Autos fahren. **f)** das Murmeltier, das sich gerne Touristen zeigt.

19. **b)** im engen Tal der Wupper liegt **c)** der im Zoo lebt, fühlt sich nicht wohl. **d)** das auf dem See fährt, ist sehr schnell. **e)** das in Frankfurt steht, war leider geschlossen.

20. **b)** der mir die Stadt gezeigt hat, habe ich in Dresden getroffen. **c)** in dem die Wildpferde frei leben, liegt in der Nähe von Dülmen. **d)** Der nette Taxifahrer, der mich zum Bahnhof gebracht hat, kommt aus Salzburg. **e)** Die schwarz-weißen Kühe, die in die Kamera schauen, habe ich in Norddeutschland fotografiert. **f)** Die junge Frau, mit der ich auf einem Segelboot gefahren bin, ist Musikerin. **g)** Die Weißwürste, die ich in München gegessen habe, schmecken wirklich gut. **h)** Meine Freunde, bei denen ich Käsefondue gegessen habe, wohnen in Zürich.

21. **d)** ohne zu fotografieren **e)** ohne ein Foto zu machen **f)** ohne auf die Ampel zu schauen **g)** ohne zu bezahlen **h)** ohne einen Cent zu bezahlen **i)** ohne etwas zu verstehen **j)** ohne ein Wort zu verstehen **k)** ohne etwas zu sagen **l)** ohne ein Wort zu sprechen **m)** ohne auf die Uhr zu schauen **n)** ohne an Termine zu denken

22. **a)** sondern **b)** aber **c)** aber **d)** sondern **e)** sondern **f)** aber **g)** sondern

23. Norden

Westen Osten

Süden

24. **b)** Westeuropa – östlicher **c)** Osteuropa – nördlicher **d)** Südeuropa – westlicher

25. **a)** 2 **b)** 5 **c)** 1 **d)** 6 **e)** 8 **f)** 7 **g)** 3 **h)** 4

26. **a)** Berge **b)** Hobby **c)** Bach **d)** Rucksack **e)** Wurst **f)** Freundin **g)** Anruf **h)** Gewitter **i)** Wetter **j)** geregnet **k)** mitgekommen **l)** laufen **m)** Füße **n)** diskutieren

27. **a)** 5 **b)** 1 **c)** 4 **d)** 8 **e)** 9 **f)** 7 **g)** 2 **h)** 3 **i)** 6

28. **a)** dessen **b)** dessen **c)** deren **d)** deren **e)** dessen **f)** deren **g)** deren **h)** dessen **i)** dessen **j)** dessen

29. **b)** regnerisch **c)** neblig **d)** sonnig **e)** gewittrig **f)** stürmisch **g)** bewölkt **h)** warm **i)** heiß **j)** kalt

30. **a)** Frühling **b)** Winter **c)** Herbst **d)** Sommer

31. **a)** 7 **b)** 2 **c)** 5 **d)** 8 **e)** 10 **f)** 3 **g)** 11 **h)** 1 **i)** 9 **j)** 4 **k)** 6 **l)** 12

32. **a)** mir ist warm **b)** Ich bin ärgerlich **c)** Ich bin traurig **d)** Mir ist schlecht **e)** ich bin satt **f)** mir ist kalt **g)** ich bin müde **h)** mir ist unheimlich

33. **a)** die Metzgerei **b)** die Kneipe **c)** die Kartoffel **d)** das Abitur **e)** die Arztpraxis **f)** die Tomate **g)** die Sahne **h)** der Pilz **i)** das Brötchen **j)** das Krankenhaus **k)** die Treppe

34. **a)** die Fahrkarte **b)** die Dose **c)** der Friseur **d)** der Sessel **e)** das Eis **f)** der Rock **g)** das Frühstück **h)** der Reifen **i)** die Sahne **j)** die Straßenbahn **k)** das Fahrrad

35. **b)** der auf dem Sofa liegt, streichelt seinen Hund. – der seinen Hund streichelt, liegt auf dem Sofa. **c)** das unter der Dusche steht, wäscht sich. – das sich wäscht, steht unter der Dusche. **d)** die am Meer spazieren geht, liest ein Buch. – die ein Buch liest, geht am Meer spazieren. **e)** der im Wasser schwimmt, ist glücklich. – der glücklich ist, schwimmt im Wasser. **f)** das direkt am See liegt, hat viele Zimmer mit Balkon. – das viele Zimmer mit Balkon hat, liegt direkt am See. **g)** die in einem großen Park leben, müssen sich selbst ernähren. – die sich selbst ernähren müssen, leben in einem großen Park.

36. **b)** der Hund gehört, wirft einen Ball **c)** die Regenschirme wegfliegen, werden vom Regen nass. **d)** Brille kaputt ist, kann nichts sehen. **e)** ich gestern gekauft habe, ist schon schmutzig. **f)** Eltern schon lange schlafen, sitzen heimlich vor dem Fernseher. **g)** ein alter Mann schimpft, springt in eine große Pfütze. **h)** ich ein Stück Schokolade bekommen habe, ist sehr nett.

37. **a)** 3 **b)** 5 **c)** 7 **d)** 2 **e)** 1 **f)** 4 **g)** 6

38. **a)** Irgendwo **b)** irgendwohin **c)** Irgendwann **d)** irgendwas **e)** irgendwie **f)** Irgendwer

39. **b)** woran **c)** wohin **d)** womit **e)** woher **f)** wodurch **g)** wonach

40. **a)** angeln **b)** Tennis spielen **c)** grillen **d)** segeln **e)** Pilze sammeln **f)** schwimmen **g)** klettern **h)** tauchen **i)** malen **j)** reiten **k)** sich verlieben **l)** spazieren gehen **m)** fotografieren **n)** Briefe schreiben **o)** Karten spielen **p)** Ski fahren **q)** surfen **r)** tanzen **s)** wandern **t)** lesen

41. **b)** in der – macht **c)** in dem – schwimmen **d)** in dem – dürfen **e)** in dem – wachsen **f)** auf dem – liegt **g)** zu dem – kommt **h)** in denen – ist **i)** von dem – hat

42. **a)** Klima **b)** Vortrag **c)** Herstellung **d)** Besichtigung **e)** Freizeit **f)** Ausflug **g)** Aussicht **h)** Schulfreund

43. **b)** man Käse probieren kann **c)** über den man mit einem Schiff fahren kann **d)** an dem ein wunderbares Hotel liegt **e)** hinter dem ein kalter Bach fließt **f)** zu dem ein einsamer Weg führt

44. **a)** Ich wohne hier in einem sehr schönen Hotel, das direkt an einem großen See liegt. **b)** Wenn ich auf dem Balkon stehe, kann ich bis hinüber nach Österreich schauen. **c)** Meine Kollegen und ich besuchen hier am Bodensee ein Seminar. **d)** Wir machen jeden Tag interessante Ausflüge und besuchen auch Fabriken. **e)** Natürlich müssen wir nicht nur arbeiten, sondern haben auch genügend Freizeit. **f)** Es gibt hier eine Insel mit einem milden Klima, auf der sogar Zitronen wachsen. **g)** Auf dieser kleinen Insel habe ich gestern zufällig einen alten Schulfreund getroffen. **h)** Wenn ich nächste Woche wieder zu Hause bin, rufe ich dich an und erzähle dir mehr.

45. **b)** Zuerst haben wir Kataloge angeschaut./Zuerst schauten sie Kataloge an. **c)** Dann sind wir zum Flughafen gefahren./Dann fuhren sie zum Flughafen. **d)** Wir sind durch viele Länder gereist./Sie reisten durch viele Länder. **e)** Wir haben viele hohe Berge bestiegen./Sie bestiegen viele hohe Berge. **f)** Einmal sind wir auf Kamele gestiegen./Einmal stiegen sie auf Kamele. **g)** Wir sind bis zu einem großen Fluss geritten./Sie ritten bis zu einem großen Fluss. **h)** Wir sind dem Fluss gefolgt./Sie folgten dem Fluss. **i)** Nur einmal sind wir schwimmen gegangen./Nur einmal gingen sie schwimmen. **j)** Später haben wir ein Krokodil gesehen./Später sahen sie ein Krokodil. **k)** Eines Abends haben wir einen Tiger gehört./Eines Abends hörten sie einen Tiger. **l)** Eines Morgens haben wir eine Schlange auf dem Schlafsack gefunden./Eines Morgens fanden sie eine Schlange auf dem Schlafsack. **m)** Einmal haben sie drei Tage auf einen Bus gewartet./Einmal warteten sie drei Tage auf einen Bus. **n)** Wir haben über fünfzig Städte besucht./Sie besuchten über fünfzig Städte. **o)** Wir haben viele interessante Leute kennen gelernt./Sie lernten viele interessante Leute kennen. **p)** Wir sind mit vielen Fotos zurückgekommen./Sie kamen mit vielen Fotos zurück.

Lektion 14

1. **c)** wäre lieber trocken **d)** hätte er viel Zeit **e)** wäre lieber blond **f)** hätte er eine Glühbirne **g)** wäre lieber Chefin/die Chefin **h)** hätte sie eine Gabel **i)** hätte lieber 800 000 Haare/800 000 **j)** wären sie jung

2. **b)** aufstehen **c)** würde – aufwachen **d)** würde – trinken **e)** würde – frühstücken **f)** würde – gehen **g)** würde – kaufen **h)** würde – fahren

3. **b)** spülen. **c)** Sie spült, doch lieber würde sie bügeln. **d)** Er bügelt, doch lieber würde er Urlaub machen. **e)** Sie duschen, doch lieber würden sie baden. **f)** Wir baden, doch lieber würden wir schwimmen. **g)** Ihr schwimmt, doch lieber würdet ihr tauchen. **h)** Ich tauche, doch lieber würde ich segeln. **i)** Du sitzt, doch lieber würdest du stehen. **j)** Er steht, doch lieber würde er laufen. **k)** Sie läuft, doch lieber würde sie springen. **l)** Wir springen, doch lieber würden wir fliegen. **m)** Ihr lest, doch lieber würdet ihr schreiben. **n)** Sie schreiben, doch lieber würden sie zeichnen. **o)** Er zeichnet, doch lieber würde er malen. **p)** Ich male, doch lieber würde ich fotografieren.

4. **a)** 5 **b)** 19 **c)** würden – 4 **d)** wären – 11 **e)** wäre – 18 **f)** würde – 12 **g)** würde – 6 **h)** würde – 3 **i)** hätte – 17 **j)** wäre – 7 **k)** würde – 1 **l)** würde – 13 **m)** hätte – 10 **n)** würde – 16 **o)** hätten – 9 **p)** hätte – 14 **q)** würde – 20 **r)** würde – 2 **s)** würde – 15 **t)** wäre – 8

5. **c)** würde **d)** würde – spielen **e)** würde – mitspielen **f)** würde – spielen gehen **g)** würde – schwimmen **h)** würde – weiterschwimmen **i)** würde – schwimmen gehen **j)** würden – kaufen **k)** würde – einkaufen **l)** würde – einkaufen gehen

6. **b)** macht – auf – würde – aufmachen **c)** würde – fahren – fährt **d)** fährt – weiter – würde – weiterfahren **e)** würde – tauchen – taucht **f)** würde – auftauchen – taucht – auf **g)** würde – stehen – steht **h)** steht – auf – würde – aufstehen

7. **a)** gerne weniger Kaffee trinken. **b)** würde gerne schneller gehen. **c)** Sie würden gerne länger frühstücken. **d)** Sie würden gerne weniger trainieren. **e)** Sie würden sie gerne nicht so oft füttern. **f)** Sie würden gerne langsamer klettern. **g)** Sie würden gerne nicht so oft aufräumen. **h)** Sie würden gerne mehr lernen. **i)** Sie würden sie gerne öfter nachsprechen.

8. **c)** froh, wenn er bügeln würde. **d)** waschen würde, wäre sie froh. **e)** wäre froh, wenn er einkaufen würde. **f)** wäre froh, wenn er schwimmen würde. **g)** wäre froh, wenn er helfen würde. **h)** er weggehen würde/weg-ginge, wäre sie froh. **i)** wäre froh, wenn er Sport treiben würde. **j)** er nicht fernsehen würde, wäre sie froh.

9. **a)** er 7 Meter hoch springen **b)** ein Schaf wäre – ein warmes Fell – nie kalt **c)** er ein Tiger wäre, hätte er nie Angst – wäre er sehr stark **d)** sie Kamele wären, hätten sie selten Durst – würden sie 100 Kilometer laufen **e)** sie eine Katze wäre, würde sie auf dem Fernseher schlafen – würde sie nachts spazieren gehen **f)** sie eine Maus wäre, würde sie alle Katzen ärgern – würde sie durch jedes Loch passen **g)** er ein Papagei wäre, würde er alle Wörter nachsprechen – würde er alle Kekse naschen **h)** er ein Fisch wäre, würde er durch alle Meere schwimmen – hätte er keinen Durst **i)** er ein Vogel wäre, würde er hoch fliegen – würde er nicht auf Flughäfen landen

10. **b)** sprechen würde – würde – stellen **c)** sie Fragen stellen würde, würde er sicher antworten **d)** Wenn er lustige Antworten geben würde, würde sie sich für ihn interessieren **e)** Wenn sie sich für ihn interessieren würde, würde sie vielleicht mit ihm tanzen **f)** Wenn sie mit ihm tanzen würde, würde er sie vielleicht nach Hause fahren **g)** Wenn er sie nach Hause fahren würde, würde er vielleicht einen Kaffee bei ihr trinken **h)** Wenn er einen Kaffee bei ihr trinken würde, würde sie ihn besser kennen lernen **i)** Wenn sie ihn besser kennen lernen würde, würde sie sich vielleicht in ihn verlieben **j)** Wenn sie sich in ihn verlieben würde, würde sie ihn lange anschauen **k)** Wenn sie ihn lange und tief anschauen würde, würde er sie vielleicht küssen

11. **b)** sie manchmal krank wären, hätten die Schüler mehr Freizeit **c)** sie einschlafen würden, würden Patienten keine Hilfe bekommen/bekämen Patienten keine Hilfe **d)** sie an Weihnachten Urlaub machen würden, würden manche Wohnungen brennen **e)** sie langsam laufen würden, würden Einbrecher ruhiger arbeiten **f)** sie viel essen würden, hätten sie keine Arbeit mehr **g)** sie andere Sprachen lernen würden, würden sie andere Kulturen besser kennen lernen

12. ➔ 1. Pille 2. Jugendliche 3. Uhr 4. Geld 5. Fliege 6. Problem 7. Opa 8. Job 9. Tod 10. Vergnügen 11. Nachbarin 12. Gewinn 13. Rente

🡣1. Altenheim 2. Ende 3. Neid 4. Trauer 5. Jahr 6. Haare 7. Arbeitslose 8. Lebenszeit 9. Patient 10. Student 11. Arzt

13. **b)** attraktiv **c)** ängstlich **d)** menschlich **e)** gewinnen **f)** verlängern **g)** regieren **h)** fühlen **i)** Medikamente **j)** Falten **k)** Natur **l)** Altenheim **m)** Sprachkenntnisse **n)** Argumente

14.

	haben		***sein***		***werden***	
	Präteritum	***Konjunktiv***	***Präteritum***	***Konjunktiv***	***Präteritum***	***Konjunktiv***
ich	hatte	hätte	war	wäre	wurde	würde
du	hattest	hättest	warst	wärst	wurdest	würdest
er/sie/es/man	hatte	hätte	war	wäre	wurde	würde
wir	hatten	hätten	waren	wären	wurden	würden
ihr	hattet	hättet	wart	wärt	wurdet	würdet
sie	hatten	hätten	waren	wären	wurden	würden

15. **b)** aussähen/aussehen würden **c)** hätten **d)** würden **e)** bekämen/bekommen würden **f)** wären **g)** gäbe/geben würde **h)** fände/finden würde **i)** könnten **j)** hätten

16. **b)** würdest – würde **c)** würde – würden **d)** würden – würdet **e)** würdet – würden **f)** würden – würde

17.

sportlich: unsportlich	jung: alt	nervös: ruhig
ehrlich: unehrlich	jugendlich: erwachsen	frech: brav
glücklich: unglücklich	klein: groß	kalt: warm
praktisch: unpraktisch	schwach: kräftig	leise: laut
romantisch: unromantisch	krank: gesund	langsam: schnell

18. **a)** r **d)** r **h)** r **i)** r **j)** r **k)** r **l)** r **n)** r **o)** r

19. **d)** müsste **e)** muss **f)** musste **g)** müsste **h)** müssen **i)** mussten **j)** könnte **k)** kann **l)** konnten **m)** wüsste **n)** wusste **o)** weiß **p)** durften **q)** dürfen **r)** dürften

20. **b)** würde – finden – aussehen würde **c)** würde – treiben **d)** würde – nehmen – geben würde **e)** würde – verlassen – finden würde **f)** würden – bekommen **g)** würde – wissen

21. **b)** fände – aussähen **c)** triebe **d)** nähme – gäbe **e)** verließe **f)** bekäme **g)** wüsste

22. **a)** ging **b)** fängt **c)** finge **d)** sah **e)** sieht **f)** sähe **g)** gäbe **h)** gab **i)** gibt **j)** fände **k)** fand **l)** findet **m)** käme **n)** kam **o)** kommt **p)** bekäme **q)** bekommt **r)** bekam **s)** schriebe **t)** schrieb **u)** schreibt

23. **c)** die junge Erwachsene **d)** ein verliebter Junger **e)** die jungen Verliebten **f)** der dicke Deutsche **g)** ein dicker Deutscher **h)** eine romantische Deutsche **i)** der lustige Rothaarige **j)** ein schlanker Blonder **k)** die attraktive Schwarzhaarige **l)** eine kluge Blonde **m)** bequeme Jugendliche **n)** die bequemen Jugendlichen

24. **a)** Jungen – Namen **b)** Junge – Name **c)** Herrn – Herr – Nachbar – Nachbarn **d)** Menschen **e)** Zeuge – Zeugen **f)** Kollegen – Kollege **g)** Kunde – Kunden **h)** Mensch – Menschen **i)** Gedanke – Gedanken

25. **a)** weil sein Messer auf den Boden gefallen ist. **b)** weil sie eine Adresse schreiben will. **c)** auf ihr Brötchen streichen. **d)** „Das ist wirklich sehr freundlich von Ihnen." **e)** weil er ohne Licht gefahren ist.

26. **b)** nicht so heiß wäre! **c)** Wenn das Zimmer doch nicht so dunkel wäre! **d)** Wenn es doch nicht so neblig wäre! **e)** Wenn die Musik doch nicht so laut wäre! **f)** Wenn der Film doch nicht so unheimlich wäre! **g)** Wenn der Schlafsack doch nicht so feucht wäre! **h)** Wenn das Problem doch nicht so kompliziert wäre! **i)** Wenn das Buch doch nicht so langweilig wäre! **j)** Wenn der Teppich doch nicht so schmutzig wäre! **k)** Wenn der Ring doch nicht so teuer wäre! **l)** Wenn die Treppe doch nicht so steil wäre!

27. **b)** stärker sein. **c)** Der Kuchen dürfte süßer sein. **d)** Die Soße dürfte wärmer sein. **e)** Das Bier dürfte kühler sein. **f)** Die Wurst dürfte dicker sein. **g)** Das Kotelett dürfte größer sein. **h)** Die Bedienung dürfte freundlicher sein. **i)** Die Tischdecke dürfte sauberer sein. **j)** Das Brot dürfte weicher sein.

28. **a)** Streit – Zeit – Lust – eifersüchtig – verlieben – wissen – Freiheit **b)** müde – Ruhe – Schlaftabletten – rät – Toilette – Fenster – Luft **c)** fühlt – älter – Kontakt – Mittagspause – Büro – verheiratet – Anzeige

29. **a)** 5 **b)** 3 **c)** 4 **d)** 1 **e)** 2 **f)** 6

30. **b)** teureren Pullover **c)** einem neueren Haus **d)** ein schwierigeres Problem **e)** einem schnelleren Zug **f)** einer größeren Firma **g)** lustigere Witze

31. **b)** fliegen würde **c)** mich eine Katze entdecken würde **d)** sie zu mir auf den Baum klettern würde **e)** ich schreckliche Angst hätte **f)** ich nicht mehr fliegen könnte **g)** wäre

32. **b)** dürfte ich in die Disko gehen – in die Disko **c)** könnte ich fernsehen – ich sehe trotzdem nicht fern **d)** müsste ich nicht zu Hause bleiben – ich bleibe trotzdem zu Hause **e)** könnte ich mein Auto waschen – ich wasche es/mein Auto trotzdem nicht **f)** dürfte ich ein Eis/Eis essen – ich esse trotzdem kein Eis/keins **g)** könnte ich meine Tante/sie besuchen – ich besuche meine Tante/sie trotzdem nicht **h)** müsste ich keinen Brief schreiben – ich schreibe trotzdem einen Brief/einen **i)** dürfte ich im Hof parken – ich parke trotzdem nicht im Hof/da

33. **b)** dir gerne einen Brief schreiben. **c)** Ich würde gerne deinen Namen wissen. **d)** Ich würde dich gerne wiedersehen. **e)** Ich würde dich gerne anrufen. **f)** Ich würde dir gerne Blumen bringen. **g)** Ich würde dir gerne ein Lied singen. **h)** Ich würde gerne Post von dir bekommen. **i)** Ich würde im Kino gerne neben dir sitzen. **j)** Ich würde dich gerne im Park treffen. **k)** Ich würde gerne mal mit dir allein sprechen.

34. **b)** Wenn ich doch nur blonde Haare hätte! **c)** Wenn ich doch nur schöne Beine hätte! **d)** Wenn ich doch nur ein Haus am Meer hätte! **e)** Wenn ich doch nur ein weißes Pferd hätte! **f)** Wenn ich doch nur einen kleinen Hund hätte! **g)** Wenn ich doch nur einen großen Garten hätte! **h)** Wenn ich doch nur vier Wochen Urlaub hätte! **i)** Wenn ich doch nur einen netten Chef hätte! **j)** Wenn ich doch nur eine Wohnung mit Balkon hätte! **k)** Wenn ich doch nur einen neuen Computer hätte!

35. **a)** 5 **b)** 8 **c)** 4 **d)** 6 **e)** 1 **f)** 9 **g)** 2 **h)** 3 **i)** 7

36. **a)** Ich möchte den Hund am liebsten behalten, weil er so süß ist. **b)** Warum sollten wir die Polizei anrufen, wenn der Hund nichts gestohlen hat? **c)** Ich bin auf jeden Fall dagegen, dass wir den armen Kerl ins Tierheim bringen. **d)** Wenn seine Familie ihn suchen würde, wäre bestimmt eine Anzeige in der Zeitung. **e)** Aber vielleicht will ihn seine Familie ja gar nicht mehr haben. **f)** Wir sollten ihm eine schöne weiche Decke holen, damit er schlafen kann. **g)** Wenn wir in der Zeitung keine Anzeige finden, behalten wir den süßen Kerl.

37. **a)** Vielleicht **b)** könnte **c)** wäre **d)** könnte **e)** wäre **f)** Vielleicht **g)** Wäre **h)** könnte **i)** vielleicht **j)** vielleicht **k)** könnte

38. **a)** Jemand **b)** niemanden **c)** jemand **d)** jemanden **e)** jemand – jemandem **f)** jemand **g)** niemand **h)** niemandem **i)** jemandem **j)** niemanden **k)** jemanden **l)** niemand **m)** jemanden **n)** niemanden **o)** jemandem – jemanden **p)** jemandem

39. richtig: **a)** **c)** **d)** **g)** **j)** **k)**

40. **a)** Rat **b)** Leitung **c)** Angebot **d)** Schwierigkeiten **e)** Ausland **f)** Innenstadt **g)** Verlust **h)** Möbeln **i)** Sportwagen **j)** Ahnung **k)** Einreisebestimmungen **l)** Klima **m)** Job **n)** Antwort

41. **a)** 6 **b)** 9 **c)** 10 **d)** 7 **e)** 1 **f)** 8 **g)** 2 **h)** 3 **i)** 5 **j)** 4

42. **a)** ablehnen **b)** annehmen **c)** abgeben **d)** lösen **e)** vermieten **f)** vermissen **g)** nachdenken **h)** ausziehen

43. **b)** meine Freundin in São Paulo einen Job findet – kommt sie nicht mit. **c)** ich eine Lösung für meine Probleme finde. Sonst gehe ich nicht ins Ausland. **d)** ich in Südamerika das Klima vertrage. Sonst fliege ich wieder nach Hause. **e)** ich in São Paulo in einer Band mitspielen kann. Sonst mache ich alleine Musik. **f)** ich schnell Portugiesisch lerne. Sonst kann ich die Filiale nicht leiten. **g)** ich meinen Hund mitnehmen kann. Sonst lasse ich ihn bei meinen Eltern. **h)** ich einen Internet-Anschluss habe. Sonst telefoniere ich mit meinen Freunden.

Lektion 15

1. **b)** Was **c)** Wie **d)** Woher **e)** welcher **f)** Wie lange **g)** wie vielen **h)** Was für ein **i)** Wo **j)** Welche **k)** wie viel **l)** Was **m)** Wie lange **n)** Wie spät

2. **a)** 1 – B • 2 – A • 3 – F • 4 – C • 5 – D • 6 – E
b) 1 – E • 2 – D • 3 – F • 4 – B • 5 – A • 6 – C
c) 1 – D • 2 – A • 3 – B • 4 – E • 5 – G • 6 – C • 7 – F

3. **c)** Was sucht er **d)** Wo sucht er **e)** Wann sucht er **f)** Wie sucht er **g)** Womit/Wie sucht er **h)** Wer hat fotografiert **i)** Was hat sie gemacht **j)** Wen hat sie fotografiert **k)** Wann hat sie ihn fotografiert? **l)** Wo hat sie ihn abends fotografiert? **m)** Womit hat sie ihn **n)** Wie viel **o)** Wer hat gerufen? **p)** Was hat sie gemacht? **q)** Woher hat sie gerufen? **r)** Wie hat sie vom Balkon gerufen? **s)** Wen hat sie laut vom Balkon gerufen? **t)** Wie lange hat sie ihren Mann laut vom Balkon gerufen?

4. **b)** wie sie heißt **c)** wann sie kommt? – kommt sie **d)** wie lange sie bleibt – bleibt sie **e)** was sie mitbringt – bringt sie mit **f)** wann sie ankommt – kommt sie an **g)** wie groß sie ist – groß ist sie/ist sie groß **h)** was sie gerne isst – isst sie gerne

5. **a)** der Fitness-Club geöffnet ist **b)** der Fitness-Club sonntags geschlossen ist **c)** in welchem Stock das Schwimmbad ist **d)** ob es ein Restaurant gibt **e)** wo das Restaurant liegt **f)** ob man das Schwimmbad umsonst benutzen kann **g)** wie heiß die Sauna ist **h)** ob die Sauna nur für Frauen ist **i)** ob man die Getränke an Automaten holen muss **j)** ob man im Fitness-Club tanzen lernen kann

6. **b)** ob **c)** wo **d)** ob **e)** ob **f)** ob **g)** wo **h)** wo **i)** ob **j)** wo

7. **b)** lieber langsam läufst oder schnell rennst **c)** lieber segelst oder surfst **d)** lieber schwimmst oder tauchst **e)** lieber eintauchst oder auftauchst **f)** lieber sitzt oder stehst **g)** lieber wegfährst oder zurückkommst **h)** lieber abfährst oder ankommst **i)** lieber einschläfst oder aufwachst **j)** lieber einziehst oder ausziehst

8. **b)** ob ihr vorgestern geschwommen oder getaucht seid **c)** ob Herr und Frau Nolte letztes Wochenende gesegelt oder gesurft sind **d)** ob der Dieb letzte Nacht die Flucht versucht hat oder wirklich entkommen ist **e)** ob die Flugzeuge vor zwei Minuten abgeflogen oder gelandet sind **f)** ob Züge in der letzten Viertelstunde angekommen oder abgefahren sind **g)** ob ihr Mann letztes Wochenende geflogen oder mit dem Auto gefahren ist **h)** ob die Delfine gestern schneller eingetaucht oder aufgetaucht sind

9. **b)** geworfen hat – wissen nicht – getroffen hat **c)** die Tomate gefangen hat – wir wissen nicht – geplatzt ist **d)** Wir wissen, dass er gestrichen hat, aber wir wissen nicht, ob er tapeziert hat **e)** Wir wissen, dass er den Tiger gestreichelt hat, aber wir wissen nicht, ob er ihn geküsst hat **f)** Wir wissen, dass er gemalt hat, aber wir wissen nicht, ob er gezeichnet hat **g)** Wir wissen, dass er gewaschen hat, aber wir wissen nicht, ob er gespült hat **h)** Wir wissen, dass er geduscht hat, aber wir wissen nicht, ob er die Zähne geputzt hat

10. **b)** sitzen – sitzen – sitzen lassen **c)** ihn durch das Haus laufen – lässt ihn durch das Haus laufen – ihn durch das Haus laufen lassen **d)** ihn in den Himmel fliegen – in den Himmel fliegen lassen **e)** ihn platzen – platzen lassen **f)** sie fallen – fallen lassen

11. **c)** geht – schwimmen – schwimmen gegangen **d)** essen gehen – essen gegangen **e)** sitzen bleiben – sitzen geblieben **f)** hängen geblieben – hängen bleiben **g)** geht – tanzen – tanzen gegangen **h)** bleibt – stehen – stehen geblieben

12. **a)** 1. **b)** 3. **c)** 2. **d)** 3. **e)** 2. **f)** 1. **g)** 2. **h)** 1.

13. **a)** ärztlicher **b)** befriedigend **c)** schlank **d)** verabredet **e)** sportliche **f)** hungrig **g)** reiner **h)** faul **i)** hässlich **j)** mageres **k)** persönlichen **l)** lustiger **m)** regelmäßig **n)** schwache **o)** vernünftige

14. **b)** steigen lassen **c)** fallen lassen **d)** liegen lassen **e)** kommen sehen **f)** kommen hören **g)** weglaufen sehen **h)** wissen lassen

15. **c)** lassen **d)** gelassen **e)** lassen **f)** gelassen **g)** lassen **h)** gelassen **i)** gelassen **j)** lassen **k)** lassen **l)** lassen **m)** gelassen **n)** lassen **o)** gelassen

16. **b)** im Wald zu laufen **c)** die Figur, ohne Schuhe zu tanzen **d)** schlecht, dauernd zu sitzen **e)** möglich, auf dem Rasen zu trainieren **f)** leichter, mit Musik zu lernen **g)** gefährlich, ohne ärztliche Aufsicht abzunehmen **h)** Spaß, im Wald zu wandern **i)** gesund, bei offenen Fenstern einzuschlafen

17. **c)** Zum Einkaufen fährt er auch mit dem Fahrrad zum Supermarkt. **d)** Zum Laufen geht er auch jeden Abend in den Park. **e)** Zum Trainieren hat er auch einen Heimtrainer gekauft. **f)** Zum Telefonieren setzt er sich auch auf den Heimtrainer. **g)** Zum Abnehmen besucht er auch die Sauna. **h)** Zum Nachdenken stellt er sich auch auf den Kopf. **i)** Zum Bügeln nimmt er auch das alte schwere Bügeleisen.

18. **b)** Tauchen braucht sie – tauchen braucht sie – sie tauchen kann, braucht sie **c)** Zum Lernen brauchen wir – Um zu lernen brauchen wir – Damit wir lernen können, brauchen wir **d)** Zum Schlafen brauchen sie – Um zu schlafen brauchen sie – Damit sie schlafen können, brauchen sie **e)** Zum Studieren – Um zu studieren brauchen sie – Damit sie studieren können, brauchen sie **f)** Zum Klavierspielen braucht er – Um Klavier zu spielen braucht er – Damit er Klavier spielen kann, braucht er

19. **b)** das Mittagessen kochen. **c)** die Ansichtskarten lesen lassen. **d)** sie die Wäsche waschen. **e)** ließ ihn den Wagen waschen. **f)** hat sie aufräumen lassen. **g)** Sie lässt ihn den Flur putzen. **h)** Er ließ sie bügeln. **i)** Sie hat ihn den Antwortbrief schreiben lassen. **j)** Er lässt sie die Rechnung bezahlen. **k)** Sie ließ ihn die Einladung planen. **l)** Er hat sie telefonieren lassen.

20. **b)** zum Trinken, zum Spülen, zum Waschen, zum Putzen, zum Kochen, zum Baden, zum Duschen oder zum Schwimmen **c)** Spielen, zum Werfen, zum Fangen oder zum Schießen **d)** Trainieren oder zum Abnehmen **e)** Leben, zum Einkaufen, zum Bezahlen oder zum Sparen **f)** Lernen, zum Wiederholen oder zum Nachschauen

21. **b)** gehen lieber spazieren – zu lernen **c)** Ihr lacht lieber anstatt zu schimpfen. **d)** Wir gehen lieber zu Fuß, anstatt den Wagen zu schieben. **e)** Er tut lieber etwas anstatt zu warten. **f)** Sie kauft lieber ein neues Kleid anstatt abzunehmen. **g)** Du liest lieber das Buch zum Film, anstatt den Film zum Buch zu sehen. **h)** Ich esse lieber dünne Suppen, anstatt eine Nulldiät zu machen. **i)** Wir machen lieber Musik, anstatt Musik zu hören. **j)** Ihr wandert lieber anstatt spazieren zu gehen.

22. **b)** Sie hat nur noch Obst, Gemüse und Salat essen dürfen. **c)** Sie hat nicht abnehmen können. **d)** Ihre Mutter hat das kommen sehen. **e)** Elke hat an die Ostsee fahren sollen. **f)** Sie hat von Tee und Suppen leben müssen. **g)** Sie hat kein Fleisch essen dürfen. **h)** Sie hat sich daran gewöhnen können. **i)** Die Nachbarin hat Elkes Argumente nicht gelten lassen. **j)** Elke hat zu Hause trainieren wollen. **k)** Sie hat ein Sportgerät kaufen müssen. **l)** Sie hat nicht so früh aufstehen wollen. **m)** Sie hat die Idee fallen lassen. **n)** Ihr Freund hat niemals ein mageres Fotomodell haben wollen.

23. **b)** öffnen können **c)** habe damit abnehmen können **d)** hat sie essen wollen **e)** haben sie betreten dürfen **f)** habe sie öffnen können

24. **b)** Getränke und Kuchen mitnehmen **c)** uns gehen **d)** Lass uns durch den Wald gehen **e)** Lass uns eine Karte mitnehmen **f)** Lass uns ein paar schöne Blumen pflücken **g)** Lass uns dem Weg folgen **h)** Lass uns gemütlich laufen **i)** Lass uns Großmutter leise begrüßen

25. **a)** Lebensmittel – ernährt – erkältet – achtet – passt – Erfahrungen – Verletzung – hingegangen
b) dick – untersuchen – Kilo – Salat – Gesundheit – Hunger – Vorurteile – Rücken – schlank
c) Körper – fit – Joggen – Ernährung – Alkohol – Fisch – Überzeugung – Tiere – grundsätzlich

26. **a)** zweimal **b)** ersten Mal **c)** dreimal **d)** zweite Mal **e)** erste Mal **f)** zweiten Mal **g)** einmal

27. **a)** 2. **b)** 1. **c)** 2. **d)** 2. **e)** 1. **f)** 1.

28. **a)** 5 **b)** 1 **c)** 4 **d)** 7 **e)** 9 **f)** 8 **g)** 3 **h)** 2 **i)** 6

29. **a)** 2 **b)** 1 **c)** 7 **d)** 5 **e)** 8 **f)** 3 **g)** 6 **h)** 4

30. **b)** Kopf tut weh. – habe Kopfschmerzen. **c)** Mein Magen tut weh. Ich habe Magenschmerzen. **d)** Meine Ohren – weh. Ich habe Ohrenschmerzen. **e)** Mein Bauch tut weh. Ich habe Bauchschmerzen. **f)** Mein Rücken tut weh. Ich habe Rückenschmerzen. **g)** Mein Hals tut weh. Ich habe Halsschmerzen. **h)** Mein Zahn tut weh. Ich habe Zahnschmerzen.

31. **a)** das Pflaster **b)** die Operation **c)** das Fieberthermometer **d)** die Salbe **e)** die Schwangerschaft **f)** das Gift **g)** der Schnupfen **h)** die Spritze **i)** die Tropfen **j)** der Verband

32. **a)** Tor **b)** Spiel **c)** Verletzung **d)** Mannschaft **e)** Trainer **f)** gelbe Karte **g)** Sieger **h)** Schiedsrichter

33. **b)** woher der Ball kommt **c)** Nebels – die Spielerin geschossen hat **d)** des Gewitters kann niemand sagen, ob die Spieler kommen oder gehen **e)** des starken Windes weiß der Spieler nicht, wohin der Ball fliegt **f)** der lauten Musik konnte man nicht verstehen, wie der Name des Spielers ist **g)** der Flaschen auf dem Platz fragt der Spieler, wann eine Spielpause kommt **h)** Wegen der vielen Fotografen sieht der Spieler nicht, wo der Ausgang ist. **i)** der Dunkelheit kann der Spieler nicht sagen, wo der Ball liegt.

34. **a)** V – F – w – v – F – f **b)** V – F – w – v – w – W **c)** V – V – w – W – w – W **d)** V – F – w – f – W **e)** F – v – V – f – W **f)** W – f – f – f – v – W **g)** W – F – v – W – f – w **h)** W – w – V – f – v – F

35. der Wald – die Wäsche – der Wind – die Wurst – das Wetter – die Wohnung – die Wolke – die Wahrheit; die Verletzung – der Vater – die Vergangenheit – der Verkehr – das Vorurteil – der Vorhang – der Verkäufer – der Vogel; die Flasche – das Fahrrad – die Familie – die Farbe – das Fenster – der Film – das Frühstück – die Ferien

36. **a)** f – Pf – f – f – Pf **b)** f – Pf – pf – Pf **c)** f – F – f – Pf – Pf **d)** f – F – f – f – Pf **e)** F – pf – f – f – Pf **f)** F – f – F – f – Pf

37. **a)** w – B **b)** B – w **c)** b – W **d)** W – B **e)** B – W **f)** W – b **g)** B – W

38. **b)** ob – morgen besuchen darf **c)** wann – wiedersehen **d)** wie – Katze heißt **e)** wann – am Freitag ins Büro gehe **f)** warum – heute nicht angerufen habe **g)** was – am nächsten Wochenende mache **h)** ob – liebe

39. **b)** in der **c)** an den **d)** über das **e)** in die **f)** an der **g)** nach der **h)** in dem **i)** zu denen **j)** mit dem

40. **a)** 3 **b)** 5 **c)** 7 **d)** 2 **e)** 4 **f)** 1 **g)** 6

41. **b)** Wohin fahrt ihr morgen? **c)** Was nimmst du mit? **d)** Wann seid ihr wieder zu Hause? **e)** Wer bringt sein Zelt mit? **f)** Wo liegt das Hotel? **g)** Wie war das Wetter gestern?

42. **b)** woran sie sich erinnert – an – erinnert **c)** worauf sie sich vorbereiten – auf – vorbereiten **d)** worauf sie warten – auf – warten **e)** worauf er sich so freut – auf – freut **f)** worüber sie sich aufregt – über – aufregt **g)** wofür er sich interessiert – für – interessiert **h)** wofür Schwimmen gesund ist – für – gesund ist **i)** wovor sie Angst haben – vor – Angst haben **j)** wonach er in der Tasche sucht – nach – sucht

43. **b)** auf die Straße. **c)** Gerhard F. spielte mit seinem Sohn im Garten Ball. **d)** Dem Fahrradfahrer flog eine Fliege in sein Auge. **e)** Der Junge verletzte seine Hand mit einem Messer. **f)** Bei der Reparatur seines Autos ließ er einen Hammer auf seinen Fuß fallen. **g)** Die Ärztin gab dem Unfallopfer eine Spritze. **h)** Die Mutter des verletzten Kindes rannte zum Telefon, um einen Arzt zu rufen.

44. **b)** über ein Spielzeug und konnte danach mein linkes Bein nicht mehr bewegen. **b)** Im Krankenhaus musste man die Frau sofort am Auge operieren. **c)** In der Klinik stellten die Ärzte fest, dass mein rechter Fuß gebrochen war. **d)** Der Mann spürte starke Schmerzen im Rücken und konnte nicht mehr aufstehen. **e)** Als ich mit meiner Tochter Ball spielte, stolperte ich über einen Stein. **f)** Der Unfall passierte bei einer Fahrradtour, als es plötzlich anfing zu regnen. **g)** Das Kind wollte seine Katze retten und kletterte deshalb auf einen hohen Baum. **h)** Nach dem Mittagessen bekam ich Bauchschmerzen und ging deshalb zum Arzt.

45. **a)** der Junge über Schmerzen am Bein. **b)** Er ging zum Arzt, weil ihm sein Arm weh tat. **c)** Sie stürzte beim Putzen von der Leiter. **d)** Im Krankenhaus behandelte man seine Wunde. **e)** Als der Arzt mit der Spritze kam, schwitzte der junge Mann aus Angst. **f)** Meine Ärztin verschrieb mir Tabletten gegen meine Kopfschmerzen. **g)** Sie meldete sich im Krankenhaus zu einer Untersuchung an. **h)** Was stellte der Arzt bei der Untersuchung fest? **i)** Nach dem Unfall bewegte sich der Fahrer nicht mehr. **j)** Die Ärzte beschlossen, den Mann sofort zu operieren. **k)** Weil uns das Gewitter überraschte, übernachteten wir im Auto.

46. **b)** Langeweile **c)** Angst **d)** Erfahrung **e)** Versehen **f)** Heimweh **g)** Sorge **h)** Tradition **i)** Vorsicht **j)** Freude **k)** Spaß **l)** Überzeugung

47. **a)** 3 **b)** 5 **c)** 1 **d)** 6 **e)** 8 **f)** 2 **g)** 4 **h)** 7

48. **a)** ob **b)** ob **c)** dass **d)** dass **e)** ob **f)** dass **g)** ob **h)** dass **i)** ob **j)** dass **k)** dass

Lektion 16

1. **b)** sitzt eine fette Spinne in der Ecke. **c)** Die Toilette neben der Anmeldung ist außer Betrieb. **d)** Der Installateur liegt im Keller zwischen der Waschmaschine und dem Waschbecken auf dem Boden. **e)** Die Putzfrau liegt vor der Treppe auf den Knien. **f)** Im kleinen Zimmer auf dem Dachboden hängt eine kaputte Lampe. **g)** Die Sekretärin sitzt in ihrem Büro am Schreibtisch vor dem Computer und telefoniert. **h)** In der Anmeldung warten die Patienten geduldig auf den Arzt. **i)** Das Taxi steht mit einer offenen Tür vor dem Haus. **j)** Das Schild „Parken verboten“ hängt am Zaun vor dem Hof. **k)** Über der Autowerkstatt weht eine Gardine aus dem Fenster. **l)** Im Hof steht ein Kinderfahrrad zwischen einem großen Fahrrad und einem bunten Ball. **m)** An den Türen der Autowerkstatt hängen Luftballons.

2. **b)** den Schluss **c)** Feuerzeuge **d)** Puppen **e)** E-Mails **f)** Bäume an Zelte **g)** Luft **h)** die Konkurrenz **i)** Flüsse **j)** Zeit **k)** einen Topf **l)** Menschen **m)** Tiere **n)** Gläser **o)** Sonne **p)** Urlaub **q)** Pannen **r)** seine Insekten **s)** das Werkzeug **t)** Häuser **u)** Sekunden **v)** Glück **w)** die Haut **x)** Gesundheit **y)** Tage **z)** Lenkräder

3. **b)** zweiten – wird geredet und diskutiert, in der vierten Pause wird weitergeredet und weiterdiskutiert. **c)** wird geschlafen und Pause gemacht, am fünften Schreibtisch wird gefrühstückt und telefoniert. **d)** vierten – wird repariert und kontrolliert, in der sechsten Werkstatt wird gegessen und getrunken. **e)** fünften – wird informiert und verkauft, im siebten Geschäft wird bestellt und ausgeladen. **f)** sechsten – wird geputzt und aufgeräumt, in der achten Disko wird getanzt und gefeiert. **g)** siebten – wird gebadet und gesungen, im neunten Bad wird Musik gehört und geduscht. **h)** neunten – wird reserviert und informiert, im elften Hotel wird geweckt und aufgeräumt. **i)** ersten – wird gefahren und geschossen, im zweiten Film wird geschossen und gefahren.

4. **c)** probiert. **d)** Kuchen probiert. **e)** Im Arbeitszimmer wird korrigiert. **f)** Im Arbeitszimmer werden die Briefe korrigiert. **g)** Im Büro wird notiert. **h)** Im Büro werden die Telefonnummern notiert. **i)** Im Flur wird tapeziert. **j)** Im Flur werden die Wände tapeziert. **k)** Im Keller wird repariert. **l)** Im Keller wird die Wasserleitung repariert. **m)** In der Schule wird buchstabiert. **n)** In der Schule wird der Name buchstabiert. **o)** Im Rathaus wird diskutiert. **p)** Im Rathaus werden Pläne diskutiert. **q)** In der Kirche wird fotografiert. **r)** In der Kirche wird das Brautpaar fotografiert. **s)** Im Zug wird kontrolliert. **t)** Im Zug werden die Fahrkarten kontrolliert.

5. **b)** Messer wird geschnitten. **c)** Mit dem Topf wird gekocht. **d)** Mit dem Pfeffer wird gewürzt. **e)** Mit dem Löffel wird probiert. **f)** Mit dem Rasierapparat wird rasiert. **g)** Mit dem Maßband wird gemessen. **h)** Mit der Gabel wird gegessen. **i)** Mit der Bohrmaschine wird gebohrt. **j)** Mit dem Besen wird gekehrt. **k)** Mit dem Bügeleisen wird gebügelt. **l)** Mit der Klingel wird geklingelt. **m)** Mit dem Kugelschreiber wird geschrieben.

6. **b)** geschält, dann werden sie geschnitten **c)** Der Fisch wird erst gefangen, dann wird er gebraten. **d)** Die Torte wird erst gebacken, dann wird sie probiert. **e)** Die Rechnung wird erst bezahlt, dann wird sie eingesteckt. **f)** Das Haus wird erst gebaut, dann wird es gestrichen. **g)** Der Karton wird erst ausgeladen, dann wird er ausgepackt. **h)** Der Herd wird erst angeschlossen, dann wird er angeschaltet. **i)** Das Loch wird erst gezeichnet, dann wird es gebohrt. **j)** Das Badezimmer wird erst aufgeräumt, dann wird es geputzt. **k)** Das Fensterbrett wird erst gemessen, dann wird es repariert. **l)** Die Kerze wird erst geholt, dann wird sie angezündet. **m)** Die Glühbirne wird erst ausgemacht, dann wird sie gewechselt. **n)** Die Glühbirne wird erst gewechselt, dann wird sie angeschaltet. **o)** Der Patient wird erst gerufen, dann wird er untersucht. **p)** Die Haare werden erst gewaschen, dann werden sie geschnitten. **q)** Die Haare werden erst getrocknet, dann werden sie gekämmt.

7. **b)** Montag muss aufgeräumt werden. Montag muss der Schreibtisch aufgeräumt werden. **c)** Dienstag muss bezahlt werden. Dienstag muss die Telefonrechnung bezahlt werden. **d)** Mittwoch muss gewaschen werden. Mittwoch muss der Pullover gewaschen werden. **e)** Donnerstag muss gebügelt werden. Donnerstag muss die Wäsche gebügelt werden. **f)** Freitag muss vorbereitet werden. Freitag muss der Geburtstag vorbereitet werden. **g)** Samstag muss gebacken werden. Samstag muss der Kuchen gebacken werden. **h)** Sonntag muss gefeiert werden. Sonntag muss der Geburtstag gefeiert werden.

8. **b)** werden **c)** angeschlossen werden **d)** gewechselt werden **e)** tapeziert werden **f)** gebügelt werden **g)** gewaschen werden

9. **b)** er – eingeladen werden **c)** er – besucht werden **d)** sie – abgeholt werden **e)** du – erkannt werden **f)** sie – richtig informiert werden **g)** er – getragen werden **h)** ihr – fotografiert werden

10. **a)** wird **b)** wird **c)** bekommt **d)** wird **e)** bekommt **f)** wird **g)** bekommt **h)** bekommt **i)** wird **j)** wird **k)** wird **l)** wird **m)** bekommt **n)** wird **o)** bekommt **p)** wird **q)** wird **r)** bekommt **s)** wird **t)** bekommen

11. **a)** 4 **b)** 3 **c)** 1

12. **a)** versuchen **b)** besuchen – beantragen – eröffnen – liefern – wählen – wünschen **c)** suchen – vermitteln – produzieren – zerstören – herstellen – finden – berechnen – rechnen – ablehnen – erzählen **d)** verbrauchen – verwenden – kündigen – erklären – einführen – senken – erhöhen – entwickeln – anbieten

13. **a)** 4 **b)** 3 **c)** 2 **d)** 1 **e)** 7 **f)** 8 **g)** 6 **h)** 5 **i)** 10 **j)** 12 **k)** 9 **l)** 11

14. **b)** wird ein ausgezeichnetes Frühstück bis ans Bett geliefert. **c)** gewünscht wird, bringen wir auch einen Blumenstrauß mit. **d)** der schon seit Jahren nicht mehr produziert wird. **e)** insgesamt nur 15 Stück hergestellt worden sind. **f)** schon von der englischen Königin getragen wurde. **g)** werden die Waren, die sie findet, von ihr nicht gekauft, sondern nur vermittelt. **h)** wie viel Strom und Wasser von den Betrieben verbraucht wurde/wurden. **i)** wie viele giftige Stoffe in der Produktion verwendet wurden. **j)** ist die Ökologie-Steuer eingeführt worden. **k)** ein Interesse daran, dass die Sicherheit erhöht wird. **l)** ist der Wasserverbrauch beinahe um die Hälfte gesenkt worden. **m)** werden auch nicht mehr verwendet.

15. **b)** Anzeigen werden entworfen. – wurden entworfen. – sind entworfen worden **c)** Ein Kredit wird beantragt. – wurde beantragt. – ist beantragt worden. **d)** Ein Laden wird eröffnet. – wurde eröffnet. – ist eröffnet worden. **e)** Eine Firma wird aufgemacht. – wurde aufgemacht. – ist aufgemacht worden.

16. **a)** heruntergeladen. **b)** Ungewöhnliche Dienste wurden angeboten. **c)** Interessante Aufgaben sind herausgesucht worden. **d)** Gute Waren sind verkauft worden. **e)** Viel Geld wurde verdient. **f)** Eine Anfrage ist befriedigt worden. **g)** Ein Geschäft ist vermittelt worden. **h)** Das Honorar wird berechnet. **i)** Die Rechnung wird geschrieben. **j)** Die Gebühr wurde gezahlt. **k)** Ein Auftrag wurde abgelehnt. **l)** Ein neues Verfahren ist entwickelt worden. **m)** Der Verbrauch ist gesenkt worden. **n)** Ungiftige Farben werden verwendet.

17. **b)** wird das Frühstück bis ans Bett geliefert. Das Frühstück wird – bis ans Bett geliefert. **c)** Von den Kunden wird oft ein Blumenstrauß gewünscht. Ein Blumenstrauß wird oft von den Kunden gewünscht. **d)** Von Angela M. wird ein ungewöhnlicher Dienst angeboten. Ein ungewöhnlicher Dienst wird von Angela M. angeboten. **e)** Vom Computer wurden die E-Mails heruntergeladen. Die E-Mails wurden vom Computer heruntergeladen. **f)** Von ihr werden die einfachen Aufgaben herausgesucht. Die einfachen Aufgaben werden von ihr herausgesucht. **g)** Von einem Geschäftsmann wird ein Geschenk gesucht. Ein Geschenk wird von einem Geschäftsmann gesucht. **h)** Von Gero von W. ist eine Beratungsfirma eröffnet worden. Eine Beratungsfirma ist von Gero von W. eröffnet worden. **i)** Von ihm sind verschiedene Verfahren entwickelt worden. Verschiedene Verfahren sind von ihm entwickelt worden. **j)** Von der Möbelfabrik ist der Wasserverbrauch um die Hälfte gesenkt worden. Der Wasserverbrauch ist von der Möbelfabrik um die Hälfte gesenkt worden.

18. **a)** Kontakt **b)** Streit **c)** Kunden **d)** erzählen **e)** Vertrag **f)** ausgefüllt **g)** Konto **h)** Frieden **i)** überrascht **j)** glücklich **k)** Aufgabe **l)** durchschnittlich

19. **a)** Streit **b)** gestritten **c)** streiten **d)** Streit **e)** streiten **f)** streitet **g)** streiten **h)** Streit **i)** streiten **j)** Streit **k)** streite

20. **a)** 1. **b)** 2. **c)** 2. **d)** 1. **e)** 2. **f)** 1. **g)** 3.

21. **b)** weil sie vier Prozent mehr Lohnerhöhung wollen. **c)** In Deutschland achten die Verbraucher wieder auf niedrige Preise. **d)** Ein Berliner Unternehmer versuchte heute ins Ausland zu fliehen. **e)** Das Bundesfinanzministerium plant im nächsten Jahr eine Erhöhung der Tabaksteuer. **f)** Man wird wahrscheinlich auf der nächsten Sitzung der Europäischen Zentralbank die Zinsen senken.

22. **a)** teure **b)** teurer **c)** teuren **d)** teuer **e)** höher **f)** hoch **g)** hohe **h)** höchsten **i)** dunkel **j)** dunkles **k)** dunklen **l)** dunkle

23. **a)** Angst **b)** Arbeitsplatz **c)** Aufträge **d)** Menschen **e)** Ausland **f)** Lohnerhöhungen **g)** Betriebsrat

24. **b)** wird im Betriebsrat über die Löhne beraten. **c)** Es wird von den Arbeitnehmern auf Lohnerhöhungen verzichtet. **d)** Es wird in Hannover über 400 Arbeitsplätze entschieden. **e)** Es wird im Ausland billiger produziert. **f)** Es werden im Werk keine Gewinne mehr gemacht. **g)** Es werden 100 Mitarbeiter in Rente geschickt.

25. **b)** wird von der Maus gefangen. **c)** Der Ball wird vom Tennisspieler getroffen. **d)** Der Tennisspieler wird vom Ball getroffen. **e)** Der Polizist wird vom Einbrecher bemerkt. **f)** Der Einbrecher wird vom Polizisten bemerkt. **g)** Der Fahrgast wird vom Taxifahrer geweckt. **h)** Der Taxifahrer wird vom Fahrgast geweckt. **i)** Der Enkel wird vom Großvater gefüttert. **j)** Der Großvater wird vom Enkel gefüttert.

26. aufregen – hoffen – meinen – unterhalten – beraten – retten – überraschen – vorbereiten – abfahren – abreisen – abschließen – bauen – beginnen – besuchen – dauern – fliegen – frühstücken – denken

fühlen – wiegen – gewinnen – kosten – planen – regnen – schneien – spielen – springen – umziehen – verstecken – kontrollieren – bremsen – duschen – fragen – lieben – mieten – sorgen – suchen

27. **b)** beworben **c)** eingeladen **d)** leitet **e)** ernährt **f)** untersuchen **g)** gewandert **h)** gezeichnet **i)** erinnert **j)** bewegen

28. **a)** kommt – an **b)** angerufen **c)** geantwortet **d)** gefahren **e)** geküsst **f)** gestreikt **g)** gestritten **h)** interessiert **i)** geredet **j)** informiert

29. **a)** d – t – d **b)** d – t – d **c)** d – t – t **d)** d – t – d **e)** t – t – t **f)** t – d **g)** d – t – d **h)** t – t **i)** t – d – t **j)** t – d **k)** t – t – d **l)** t – t – d **m)** t – t **n)** t – t – t **o)** t – t **p)** t – d **q)** t – t **r)** t – t – d

30. **a)** P – B **b)** P – P – B **c)** B – P **d)** B – B **e)** P – B **f)** P – B **g)** B – B **h)** P – B **i)** B – P **j)** P – B **k)** B – B **l)** B – B **m)** P – P – B **n)** P – B

31. der Berg – die Ausstellung – die Bewerbung – das Ding – der Eingang – die Erfahrung – der Flug – der Geburtstag – die Hoffnung – der Honig – die Kleidung – der Lehrling – das Werkzeug – die Wohnung
der Rock – der Stock – der Schmuck – der Scheck – der Park – die Bank – der Schrank – der Streik – das Stück – das Glück – das Besteck

32. **c)** Sie hat eine Suppe gekocht. – Eine Suppe ist gekocht worden. **d)** Er hat ein Bild gemalt – Ein Bild ist gemalt worden. **e)** Er hat einen Mann rasiert. – Ein Mann ist rasiert worden. **f)** Er hat das Brot bezahlt. – Das Brot ist bezahlt worden. **g)** Sie hat den Ofen geheizt. – Der Ofen ist geheizt worden. **h)** Er hat seinen Nachbarn beobachtet. – Sein Nachbar ist beobachtet worden. **i)** Er hat den Dieb verhaftet. – Der Dieb ist verhaftet worden. **j)** Sie hat die Schuhe geputzt. – Die Schuhe sind geputzt worden. **k)** Er hat den Kranken operiert. – Der Kranke ist operiert worden. **l)** Er hat die Sekretärin entlassen. – Die Sekretärin ist entlassen worden.

33. **b)** Der Kuchen wird am Sonntag gebacken. Der Kuchen wird am Sonntag von der Großmutter gebacken. Der Kuchen wird am Sonntag von der Großmutter in der Küche gebacken. **c)** Der Verbrecher wird in der Nacht verhaftet. Der Verbrecher wird in der Nacht von der Polizei verhaftet. Der Verbrecher wird in der Nacht von der Polizei am Flughafen verhaftet. **d)** Die Waschmaschine wird nach der Mittagspause repariert. Die Waschmaschine wird nach der Mittagspause von einem Elektriker repariert. Die Waschmaschine wird nach der Mittagspause von einem Elektriker im Keller repariert. **e)** Drei Fische werden am Nachmittag gefangen. Drei Fische werden am Nachmittag von einem Angler gefangen. Drei Fische werden am Nachmittag von einem Angler im Fluss gefangen. **f)** Das Auto wird für zehntausend Euro verkauft. Das Auto wird für zehntausend Euro von einem Autohändler verkauft. Das Auto wird für zehntausend Euro von einem Autohändler an einen Kunden verkauft. **g)** Das Baby wird nach dem Baden geküsst. Das Baby wird nach dem Baden von seiner Oma geküsst. Das Baby wird nach dem Baden von seiner Oma auf die Nase geküsst.

34. **a)** 3 **b)** 4 **c)** 1 **d)** 7 **e)** 6 **f)** 2 **g)** 5

35. **b)** Nein, der Brief ist schon geschrieben. **c)** Nein, der Hof ist schon gekehrt. **d)** Nein, die Blumen sind schon gegossen. **e)** Nein, das Fenster ist schon gestrichen. **f)** Nein, der Papagei ist schon gefüttert. **g)** Nein, der Tisch ist schon gedeckt. **h)** Nein, die Verträge sind schon kopiert. **i)** Nein, die Sahne ist schon geschlagen. **j)** Nein, das Büro ist schon aufgeräumt. **k)** Nein, die Rechnungen sind schon bezahlt. **l)** Nein, das Geschirr ist schon gespült. **m)** Nein, der Pullover ist schon gewaschen.

36. **a)** Die Eier werden zu einem Becken transportiert, nachdem sie von den Hühnern gelegt wurden. **b)** Vor dem Kochen werden alle Eier in einem großen Becken gewaschen. **c)** Nachdem sie acht Minuten in heißem Wasser gekocht wurden, sind die Eier hart. **d)** Bevor die Eier geschält werden, werden sie mit kaltem Wasser geduscht. **e)** Wenn die Eier gekocht sind, werden sie in Scheiben geschnitten. **f)** Nachdem die Eier geschält sind, werden sie von der Maschine gesalzen. **g)** Die Eischeiben werden vorsichtig auf die Butterbrote gelegt. **h)** Die fertigen Eibrote werden am Schluss von einem Roboter verkauft.

37. **a)** Erdgeschoss **b)** Gebrauchsanweisung **c)** Kenntnisse **d)** Interesse **e)** Qualität **f)** Tätigkeit **g)** Praktikant **h)** Werkzeug **i)** Sicherheit **j)** Werbung **k)** Material **l)** Arbeitnehmer

38. **b)** werden die Kartoffeln geschält. **c)** werden die Kartoffeln in Scheiben geschnitten. **d)** werden die Zwiebeln geschält. **e)** werden die Zwiebeln geschnitten. **f)** wird die Petersilie klein gehackt. **g)** wird Butter in die Pfanne gegeben. **h)** werden die Zwiebelwürfel gebraten. **i)** werden die Kartoffelscheiben dazugetan. **j)** werden die Kartoffelscheiben goldbraun gebraten. **k)** werden die Eier geschlagen **l)** wird die Sahne in die Eier gegossen **m)** wird die Eiersahne mit den Kartoffeln vermischt. **n)** wird die Petersilie auf die Kartoffeln gestreut. **o)** wird das Ganze mit Salz und Pfeffer gewürzt. **p)** wird der Schinken auf das Gericht gelegt.

39. **b)** gegessen wird. **c)** aus Bananen gemacht wird. **d)** fünf Stunden gekocht wird. **e)** heiß getrunken wird. **f)** der mit Sahne serviert wird. **g)** die in Butter gebraten werden. **h)** der in Würfel geschnitten wird. **i)** die mit Reis gefüllt werden. **j)** die in der Pfanne gebacken werden. **k)** die ohne Zucker hergestellt wird. **l)** die vor dem Essen angezündet wird. **m)** die mit Schinkenscheiben eingepackt sind. **n)** die für Salate verwendet werden.

40. **a)** 4 **b)** 7 **c)** 6 **d)** 8 **e)** 1 **f)** 5 **g)** 2 **h)** 3

41. **b)** geputzt werden. **c)** darf gegessen werden. **d)** Die Toilette kann – benutzt werden. **e)** Die Schuhe sollen ausgezogen werden. **f)** Der Brief darf – kopiert werden **g)** Die Kartoffeln müssen geschält werden. **h)** Die Autos sollen im Hof geparkt werden. **i)** Die Glühbirne muss gewechselt werden. **j)** Das Büro darf – betreten werden. **k)** Die Tauben dürfen – gefüttert werden. **l)** Die Rechnungen müssen bezahlt werden.

Lektion 17

1. **b)** Seemann **c)** Palme **d)** Insel **e)** Fernglas **f)** Kaktus **g)** Fisch **h)** Delfin **i)** Tiger **j)** Dose **k)** Sterne **l)** Mond **m)** Sonne

2. **a)** 3 **b)** 1 **c)** 4 **d)** 2 **e)** 6 **f)** 8 **g)** 5 **h)** 7

3. **b)** den Fisch nicht kochen, aber er kann ihn essen. **c)** den Fisch, aber das Salz fehlt. **d)** auf einer schönen Insel, aber er will wegschwimmen. **e)** wegschwimmen, aber im Meer sind gefährliche Fische. **f)** ein bisschen klettern, aber die Palme ist sehr hoch. **g)** sehr hoch, aber sie trägt viele Nüsse.

4. **c)** keine Zange – keinen Nagel **d)** gut, noch kann er hoch springen **e)** er nicht hoch. Er klettert auch nicht gut. **f)** eine Leiter bauen, noch hat er eine gute Idee.

5. **b)** die Dosen öffnen, oder er muss das Fass aufmachen. **c)** das Fass aufmachen, oder er muss auf Regen warten. **d)** auf Regen warten, oder er kann die Milch der Nuss auf der Palme trinken. **e)** wegschwimmen, oder er muss auf ein Schiff warten. **f)** auf ein Schiff warten, oder er kann aus der Palme ein Boot bauen.

6. **b)** viele Fische, sondern er findet auch eine Flasche mit Wasser. **c)** eine Flasche mit Wasser, sondern er entdeckt auch ein Fernglas im Koffer. **d)** ein Fernglas, sondern er erkennt damit auch am nächsten Tag ein Schiff am Horizont. **e)** schnell, sondern es fährt auch zu seiner Insel. **f)** zu seiner Insel, sondern es hält auch.

7. **a)** 2. **b)** 2. **c)** 1. **d)** 1. **e)** 2.

8. **b)** Sie – Sie … es – Sie … ihnen – Sie … es ihnen **c)** Sie – Sie … sie – Sie … ihr – Sie … sie ihr **d)** Er – Er … es – Er … ihnen – Er … es ihnen **e)** Er – Er … sie – Er … ihm – Er … sie ihm **f)** Sie – Sie … sie – Sie … ihr – Sie … sie ihr

9. **b)** es ihm **c)** sie ihm **d)** sie Ihnen **e)** es mir **f)** es ihm **g)** sie dir **h)** ihn dir **i)** sie Ihnen **j)** es Ihnen **k)** es Ihnen **l)** sie dir **m)** ihn dir **n)** sie dir **o)** sie dir **p)** sie dir **q)** ihn dir **r)** ihn euch **s)** ihn dir

10. **a)** es ihm **b)** sie ihm **c)** es uns **d)** es Ihnen

11. **b)** Wasser **c)** geöffnet **d)** unter dem Sofa **e)** gewürzt **f)** Pianisten **g)** die Öffentlichkeit **h)** von der Zimmerdecke **i)** zum neuen Jahr **j)** zur Luft **k)** mit Schlafen **l)** einen Frisör **m)** überrascht **n)** die Speisekarte **o)** Watte **p)** bei dem Huhn über das Ei **q)** die Sterne **r)** Luftballon **s)** mit der Suppe **t)** die Postkarte **u)** den Termin

12. **a)** 2 **b)** 3 **c)** 1 **d)** 3 **e)** 3 **f)** 2

13. **b) + c)** er nach der Kellnerin **c)** + **d)** der Kellnerin gerufen hatte, wartete er eine Weile **d)** + **e)** gewartet hatte, nahm er sein Notenpapier **e)** + **f)** genommen hatte, begann er eine Komposition **f)** + **g)** begonnen hatte, kam die Kellnerin **g)** + **h)** gekommen war, ging sie wieder **h)** + **i)** sie wieder gegangen war, verging eine Stunde **i)** + **j)** vergangen war, sah Beethoven auf

14. **a)** + **b)** der Fahrer zum Opernhaus **b)** + **c)** gefahren war, wartete er dort über eine halbe Stunde **c)** + **d)** über eine halbe Stunde gewartet hatte, kam Karajan mit eiligen Schritten **d)** + **e)** Nachdem Karajan mit eiligen Schritten gekommen war, öffnete der Fahrer die Tür. **e)** + **f)** Nachdem der Fahrer die Tür geöffnet hatte, setzte sich Karajan/ setzte Karajan sich. **f)** + **g)** Nachdem Karajan sich gesetzt hatte, startete der Fahrer den Motor. **g)** + **h)** Nachdem der Fahrer den Motor gestartet hatte, erkundigte er sich nach dem Ziel der Fahrt. **h)** + **i)** Nachdem er sich nach dem Ziel der Fahrt erkundigt hatte, antwortete der Meister: „Ganz egal!"

15. **a)** zwar – aber **b)** nicht nur – sondern – auch **c)** weder – noch **d)** zwar – aber **e)** entweder – oder **f)** weder – noch **g)** nicht nur – sondern auch **h)** entweder – oder **i)** weder – noch

16. **a)** gestiegen – war zum Bahnhof gefahren – war er angekommen – war ausgestiegen – hatte den Koffer auf eine Bank gestellt – hatte einen Gitarristen getroffen – hatte ihm eine gute Reise gewünscht – war in den Zug gestiegen **b)** Hühnerstall gegangen – hatte die Tür aufgemacht – Er hatte ein Ei geholt – Er war zum Haus zurückgegangen – Er hatte Wasser in einen Topf gegeben – Er hatte das Ei gekocht – Er hatte es gesalzen – Er hatte einen Löffel aus dem Schrank genommen **c)** eine Einladung bekommen – Er hatte die Torte probiert – Er hatte den Kaffee gut gefunden – Er hatte noch ein Stück Torte gegessen – Er hatte sich an das Klavier gesetzt – Er hatte es aufgemacht **d)** ein Taxi bestellt – Er hatte gewartet – Er war zum Opernhaus gefahren – Er hatte den Saal betreten – Er hatte die Noten aus der Tasche genommen. **e)** in der Kirche gespielt – Er hatte komponiert – Er war an der Orgel eingeschlafen – Er hatte geträumt – Er war aufgewacht **f)** sich beeilt – Er war zur Haltestelle gerannt – Er hatte den Bus erreicht – Er war zu spät zur Probe gekommen – Er hatte mit dem Regisseur diskutiert – Er hatte mit dem Stück angefangen **g)** den Saal betreten – Er hatte das Klavier aufgemacht – Er hatte mit dem Üben angefangen – Er hatte ein Geräusch gehört – Er hatte das Spiel unterbrochen – Er hatte wieder etwas gehört – Er hatte das Klavier untersucht – Er hatte nichts gefunden – Er hatte mit dem Spielen aufgehört

17. **b)** eingekauft hatte **c)** Aufräumen – aufgeräumt hatte **d)** Lesen – gelesen hatte **e)** Telefonieren – telefoniert hatte **f)** Baden – gebadet hatte **g)** Singen – gesungen hatte **h)** Komponieren – komponiert hatte **i)** Spielen – gespielt hatte **j)** Zeichnen – gezeichnet hatte **k)** Schreiben – geschrieben hatte **l)** Frühstücken – gefrühstückt hatte

18. **a)** blind – dumm – faul – frei – gesund – klar – krank – schlank – schön – sicher – vergangen **b)** einsam – eitel – feucht – freundlich – fröhlich – häufig – höflich – möglich – öffentlich – schwierig – wirklich **c)** groß – heiß – hoch – lang – nah – schwach – stark **d)** faltig – flüchtig –geduldig – hungrig – kitschig – kräftig – ruhig – salzig – traurig – vorsichtig **e)** ärztlich – beruflich – glücklich – jährlich – körperlich – männlich – menschlich – persönlich – sportlich – täglich

19. **a)** 5 **b)** 7 **c)** 1 **d)** 2 **e)** 4 **f)** 6 **g)** 3

20. **a)** 3 **b)** 5 **c)** 1 **d)** 4 **e)** 6 **f)** 2

21. **a)** 5 **b)** 4 **c)** 1 **d)** 3 **e)** 6 **f)** 2

22. **a)** Badewanne **b)** Shampoo **c)** Bad **d)** Tee **e)** Föhn **f)** Spiegel **g)** Scherz **h)** April

23. **b)** sie – die **c)** ihn – den **d)** sie – die **e)** ihn – den **f)** sie – die **g)** sie – die **h)** es – das

24. **a)** 3 **b)** 7 **c)** 2 **d)** 8 **e)** 4 **f)** 1 **g)** 5 **h)** 6

25. richtig: **b)**

26. **a)** angerufen **b)** sprechen **c)** sagen **d)** genannt **e)** einfach **f)** ärgerlich **g)** erinnern

27. **b)** obwohl **c)** zwar – aber **d)** weder – noch **e)** denn **f)** sobald **g)** nicht nur – sondern **h)** Entweder – oder

28. **a)** n – m – n **b)** n – n – m **c)** m – n – n **d)** n – n – n – m **e)** n – n – m – n **f)** n – n – n – m – m **g)** m – n – m – m **h)** m – n – m – n – n **i)** m – n – n – n – m – n – m – m **j)** m – n – n

29. **a)** Krokodil – Krankenhaus – Krawatte **b)** Brillen – Bratwürste – Brot **c)** Großmutter – Grußkarten – Großbritannien **d)** Blume – Blumenvase – Blumenwiese **e)** Klavierspieler – Klinik – Klingel **f)** Professor – Prüfungen – Problem **g)** Klima – Kleinkinder – Klaviere

30. **a)** 4 **b)** 5 **c)** 1 **d)** 3 **e)** 8 **f)** 6 **g)** 2 **h)** 7

31. **a)** 4 **b)** 9 **c)** 5 **d)** 1 **e)** 8 **f)** 6 **g)** 3 **h)** 2 **i)** 7

32. **b)** etwas Lustiges passiert. **c)** Mir ist etwas Tolles passiert. **d)** Mir ist etwas Dummes passiert. **e)** Mir ist etwas Ärgerliches passiert. **f)** Mir ist etwas Komisches passiert. **g)** Mir ist etwas Merkwürdiges passiert. **h)** Mir ist etwas Seltsames passiert. **i)** Mir ist etwas Unheimliches passiert.

33. **b)** vorbereitet **c)** noch nicht eingekauft **d)** hatte ich noch nicht aufgeräumt **e)** hatte ich noch nicht gekocht **f)** hatte ich noch nichts besorgt **g)** hatte ich noch nichts erledigt **h)** hatte ich noch nicht gefrühstückt **i)** hatte ich noch nichts gemacht **j)** hatte ich noch nichts organisiert **k)** hatte ich noch nicht geputzt **l)** hatte ich noch nicht gespült

34. **a)** Tankstelle **b)** Getränke **c)** Datum **d)** Einladung **e)** Situation **f)** Geburtstag **g)** Überraschung **h)** Missverständnis **i)** Fehler

35. **a)** 4 **b)** 3 **c)** 2 **d)** 8 **e)** 7 **f)** 6 **g)** 1 **h)** 5

36. **c)** etwas Besonderes **d)** etwas Lustiges **e)** etwas Dummes **f)** nichts Wichtiges **g)** etwas Wunderbares

37. **a)** Bevor **b)** Nachdem **c)** bevor **d)** Nachdem **e)** Nachdem **f)** bevor **g)** Bevor **h)** Nachdem

38. **b)** Die Rechnung war bezahlt worden. **c)** Wir waren eingeladen worden. **d)** Die Koffer waren zum Zug gebracht worden. **d)** Die Sitzplätze waren am Schalter reserviert worden. **e)** Im Zugrestaurant war ein Tisch bestellt worden. **g)** An alles war gedacht worden.

Lektion 18

1. **a)** werde **b)** werden **c)** werdet **d)** Wirst **e)** werden **f)** werde **g)** wirst **h)** wird **i)** werden **j)** werdet **k)** wird

2. **b)** einen neuen Chef bekommen. – einen neuen Chef bekommen. **c)** Nächstes Jahr werden die Zinsen steigen. – Die Zinsen werden steigen. **d)** Am Montag wird der Außenminister nach Berlin kommen. – Der Außenminister wird nach Berlin kommen. **e)** Am Sonntag werden wir unseren Eltern ein Bild schenken. – Wir werden unseren Eltern ein Bild schenken. **f)** Morgen wird es in den Bergen schneien. – Es wird in den Bergen schneien.

3. **b)** Er wird morgen bestimmt nicht kommen können. **c)** Sie wird in den nächsten Monaten viel arbeiten müssen. **d)** Der Patient wird morgen noch nicht aufstehen dürfen. **e)** Der Kranke wird noch eine Woche im Bett bleiben müssen. **f)** Die Sekretärin wird morgen früher nach Hause gehen dürfen. **g)** Die Politiker werden vor der nächsten Wahl viele Reden halten müssen. **h)** Wirst du im nächsten Monat nach Berlin umziehen müssen?

4. **b)** Der Minister muss nächste Woche ins Ausland reisen. **c)** Die Partei verliert wahrscheinlich bei der nächsten Wahl viele Stimmen. **d)** Der Politiker sieht seine Frau in Zukunft selten. **e)** Der Dieb wird morgen verhaftet. **f)** Wir können bald Urlaub machen. **g)** Gehst du zur nächsten Wahl? **h)** Welche Partei wählt ihr am nächsten Sonntag?

5. **b)** werde ich entlassen werden. – Ich werde nächste Woche entlassen werden. **c)** wird meine Mutter in der Klinik untersucht werden. – wird nächste Woche in der Klinik untersucht werden. **d)** Morgen wird der Reifen gewechselt werden. – Der Reifen wird nächste Woche gewechselt werden. **e)** Nächstes Jahr wird mein Roman veröffentlicht werden. – Mein Roman wird nächstes Jahr veröffentlicht werden.

6. **b)** schwimmen gegangen. **c)** zu kalt gewesen wäre, wären wir spazieren gegangen. **d)** Wenn sie Eier gehabt hätte, hätte sie einen Kuchen gebacken. **e)** Wenn meine Waschmaschine nicht kaputt gewesen wäre, hätte ich meine Hose gewaschen. **f)** Wenn unser Handy funktioniert hätte, hätten wir dich angerufen. **g)** Wenn er nicht weggelaufen wäre, hätte das Kind den Hund gestreichelt./Wenn der Hund nicht weggelaufen wäre, hätte das Kind ihn gestreichelt. **h)** Wenn er sich nicht einen Film angeschaut hätte, wäre er früh ins Bett gegangen.

7. **b)** hätte den Pizza-Service angerufen. **c)** Ich hätte ein Taxi gerufen. **d)** Ich wäre nach Hause gegangen. **e)** Ich hätte im Hotel übernachtet. **f)** Ich hätte eine Schlaftablette genommen. **g)** Ich wäre mit dem Zug gefahren.

8. **b)** kaputt gegangen wäre, hätte ich die Briefe nicht mit der Hand geschrieben. **c)** seine Suppe gegessen hätte, hätte er einen Nachtisch bekommen. **d)** Wenn sie lange geschlafen hätte, wäre sie heute nicht müde gewesen. **e)** Wenn er nicht zu schnell gefahren wäre, hätte ihm die Polizei den Führerschein nicht abgenommen. **f)** Wenn es draußen nicht dunkel gewesen wäre, wäre er nicht in eine Pfütze getreten. **g)** Wenn ich eine Uhr dabei gehabt hätte, wäre ich nicht zu spät gekommen. **h)** Wenn wir letztes Jahr kein Mäusepaar gekauft hätten, hätten wir jetzt nicht hundert Mäuse.

9. **a)** Handys – Telefon **b)** Fernseher – Programm **c)** Ausflüge – Erinnerungen **d)** Kartoffelsalat – Hunger **e)** Mauerbau – Krieg **f)** Präsident – Schock **g)** Freizeit – Gruppen **h)** Student – System

10. **a)** 2 **b)** 1 **c)** 1 **d)** 1 **e)** 2 **f)** 2 **g)** 1 **h)** 2 **i)** 1 **j)** 2

11. **a)** 4 **b)** 5 **c)** 8 **d)** 1 **e)** 3 **f)** 2 **g)** 6 **h)** 7

12. **b)** Sabine. **c)** Udos Welt. **d)** John F. Kennedys Ermordung war ein Schock für viele Menschen. **e)** Beethovens Musik liebe ich sehr. **f)** Die Musik Mozarts mag ich auch. **g)** Andreas Abiturnoten sind nicht gut. **h)** Carlas Examen war ausgezeichnet. **i)** Jochen Penslers Krokodil hat Zahnschmerzen. **j)** Renkens Bauernhaus. **k)** Saras neuer Freund ist ein bisschen langweilig. **l)** Saras schwarzes Kleid ist sehr kurz. **m)** Herrn Fischers Chef ist montags manchmal nicht so nett. **n)** Mozarts Karriere war ungewöhnlich.

13. **c)** Zum Baden brauchten sie nur an einen See zu fahren. **d)** Sonntags brauchte die Mutter nicht zu kochen. **e)** Du brauchst sie nicht zu kochen. **f)** Um die Nachrichten zu hören, brauchst du nur das Radio einzuschalten. **g)** Um in die Stadt zu fahren, brauchst du nur die Straßenbahn zu nehmen. **h)** Der Installateur braucht nicht zu kommen. **i)** Udo braucht nicht für sein Examen zu lernen. **j)** Du brauchst sie nicht zu föhnen. **k)** Brauchen Sie heute gar nicht ins Büro zu gehen, Frau Schreiber? **l)** Ich brauche nicht zum Zahnarzt zu gehen. **m)** Wenn du Informationen über Kennedy brauchst, brauchst du nur im Internet nachzusehen. **n)** Du brauchst sie nicht weiterzuerzählen.

14. **b)** die Finanzsituation **c)** Nacht **d)** den Redner **e)** die Fußgänger **f)** den Bürgermeister **g)** die Luft **h)** Weihnachtsplätzchen **i)** die Sonne **j)** die Eintrittskarten **k)** einen Bauernhof **l)** eine Fußgängerzone **m)** eine Party

15. **b)** kundenfreundlich **c)** fußgängerfreundlich **d)** kinderfreundlich **e)** einkaufsfreundlich **f)** tierfreundlich **g)** umweltfreundlich **h)** familienfreundlich **i)** radfahrerfreundlich

16. **b)** das Rathaus günstig renoviert hätte, wäre jetzt die Finanzsituation besser. **c)** die Räume einfach eingerichtet hätte, hätte man jetzt weniger Schulden. **d)** das Parken nicht verboten hätte, könnte man jetzt leichter einen Parkplatz finden. **e)** Radwege gebaut hätte, wäre die Stadt jetzt attraktiver für Radfahrer. **f)** den Kindergarten gebaut hätte, gäbe es jetzt genug Kindergartenplätze/würde es jetzt genug Kindergartenplätze geben. **g)** beim Umbau gespart hätte, wäre jetzt die Finanzsituation besser. **h)** die Eintrittspreise gesenkt hätte, würden Familien jetzt öfter das Schwimmbad besuchen. **i)** den Nahverkehr gefördert hätte, würden jetzt weniger Leute den Wagen benutzen. **j)** mehr Bäume im Park gepflanzt hätte, wäre er jetzt schöner. **k)** weniger Ampeln an den Kreuzungen angebracht hätte, gäbe es jetzt seltener Staus./würde es jetzt seltener Staus geben. **l)** mehr Verkehrsschilder montiert hätte, würden die Autofahrer jetzt leichter den Weg finden.

17. **c)** Hätte man doch nur nachgedacht! **d)** Hätte man doch nur geplant! **e)** Wäre doch nur angefangen worden! **f)** Hätte man doch nur gebaut! **g)** Hätte man doch nur renoviert! **h)** Wäre doch nur etwas getan worden!

18. **c)** hätte diskutieren müssen. **d)** hätte diskutiert werden müssen. **e)** hätte arbeiten müssen. **f)** hätte etwas unternehmen müssen. **g)** hätte etwas entschieden werden müssen. **h)** hätte etwas tun müssen. **j)** hätte nicht schlafen dürfen. **k)** hätte nicht träumen dürfen. **l)** hätte nicht langsam sein dürfen.

19. **b)** die Stadt entwickeln werden. **c)** wir uns um alles kümmern werden. **d)** wir für die Stadt sorgen werden. **e)** die Finanzsituation in Ordnung bringen werden. **f)** wir alles erneuern werden. **g)** wir die Probleme lösen werden. **h)** wir Arbeitsplätze schaffen werden. **i)** wir den Umweltschutz fördern werden. **j)** wir die Steuern senken werden. **k)** Sie mit uns nicht im Regen stehen werden.

20. **a)** Stimme **b)** Wähler **c)** Wählerstimmen **d)** Wahlkampf **e)** Stadtrat **f)** Rathaus **g)** Parteien **h)** Koalition **i)** Rede **j)** Hochrechnung **k)** Wahlergebnis **l)** Bundeskanzler

21. **a)** Gesetz zur Steuerreform – Mehrheit **b)** Vorschläge – der Opposition **c)** österreichische Außenminister – aus Japan – Pressekonferenz – den Eindrücken seiner Reise **d)** guten Beziehungen – gelobt – positive Wirkungen für die Exportwirtschaft

22. **a)** Welt – Gesetzen – Generationen – denken – Energiepolitik **b)** Politik – Geld – Machtinteressen – Schutz – verstehen – Fleisch **c)** Kriege – Frieden – Waffen – glauben – Milliarden – Kampf **d)** Politiker – Probleme – Studenten – beschweren – Professoren – Wahlen

23. **a)** 1 **b)** 1 **c)** 2 **d)** 1 **e)** 2 **f)** 2 **g)** 1 **h)** 2

24. **c)** viel zu schreiben. – muss viel schreiben. **d)** hat viel zu erledigen. – muss viel erledigen. **e)** hat man leise zu sein. – muss man leise sein. **f)** hat man nicht laut zu sein. – darf man nicht laut sein. **g)** haben die Kinder nicht zu spielen. – dürfen die Kinder nicht spielen. **h)** haben an die Zukunft zu denken. – müssen an die Zukunft denken.

25. **a)** hebt Helga. **b)** hilft Hilde. **c)** Honig holt Helmut. **d)** Hunger hat Herbert. **e)** Heimlich hustet Hannes. **f)** Honig hasst Hugo.

26. **a)** Herbert heizt heute ehrlich herrlich. **b)** In Heiners Eimer ist heute ein Ei. **c)** Wir hoffen, der Ofen ist offen. **d)** Hugo holt Hildes Hund und hustet. **e)** Heute isst Hugo Honig. **f)** Ist das Licht im Haus aus? **g)** Was macht ihr hier? **h)** Warum halten sie bei den alten Häusern am Hafen? **i)** Ihr müsst eben das Klavier höher heben. **j)** Hast du den Ast? **k)** Kannst du Herbert raten zu heiraten? **l)** Ich weiß, es ist heiß, deshalb essen wir Eis. **m)** Was soll ich mit dem Huhn tun? **n)** Hübsche Hosen hängen vor Evas Haus.

27. **b)** Ich rate ihm das Ei zu braten. **c)** Ihre Ehe geht gut. **d)** Sie spielt mit ihren Zehen. **e)** Sie hat vierzehn Zähne. **f)** Ich sehe, sie sieht fern. **g)** Sie bestellte Kuchen ohne Sahne. **h)** Schuhe und Handschuhe liegen auf Stühlen. **i)** Sie ruft ihn im Zug. **j)** Lehrer und Lehrlinge steigen in leere Züge. **k)** Die Mehrheit benutzt den öffentlichen Nahverkehr. **l)** Sieh mal, sie ruft ihn in der Telefonzelle an. **m)** Sein Sohn liegt in der Sonne am Meer. **n)** Kinder bohren in den Ohren. **o)** Sie stören manchmal und hören nicht. **p)** Der alte Zug hält noch nicht. **q)** Er wird gleich anhalten. **r)** Mit diesem Fahrer zu fahren ist schön. **s)** Die Kuh macht früh „muh". **t)** Wahrscheinlich wählen wieder viele Wähler bei der Wahl falsch.

28. KINDER | FOTOS – BUS | SCHILD – SCHLÜSSEL | LOCH – SITZ | PLATZ – NOTIZ | ZETTEL – TELEFON | NUMMER – TRAUM | MANN – RAUM | MITTE – SCHAF | FELL – NUSS | SCHOKOLADE – HAND | TASCHE – KONTROLL | LAMPE HAUS | SCHLÜSSEL – SALAT | TELLER – WAHL | LISTE – TISCH | DECKE – TOPF | DECKEL – FISCH | STÄBCHEN – SCHIFFS | REISE – MOTOR | RAD – HOTEL | LIFT – AST | STÜCK – TÜR | REPARATUR – ARZT | TASCHE – BETT | TUCH – STECK | DOSE – HOCH | HAUS – KUH | MILCH – WURST | SCHEIBE – GEPÄCK | STÜCK – SÜD | DEUTSCHLAND

29. **Sicherheitshinweis** – Kindheitserinnerung – Schlankheitskur – Freiheitswunsch – Menschheitstraum
Öffentlichkeitsinteresse – Tätigkeitsbericht – Sauberkeitskontrolle – Persönlichkeitsentwicklung – Höflichkeitsbesuch
Regierungskrise – Beratungsfirma – Zeitungsreporter – Versicherungsbüro – Bewerbungsgespräch
Gewerkschaftsreform – Wirtschaftspolitik – Landwirtschaftsminister – Mannschaftsarzt – Gemeinschaftsinteresse – Freundschaftsdienst
Oppositionsmitglied – Inflationsproblem – Informationsbüro – Generationsproblem – Koalitionsgespräch

30. **b)** Nase ist nass. **c)** Annas Ananas und Annas Nase sind nass. **d)** Fisch ist wirklich frisch. **e)** sinkt die Sonne in Helsinki. **f)** Loch näht Oma noch. **g)** Koch kocht doch noch.

31. **b)** 6 **c)** 3 **d)** 9 **e)** 5 **f)** 8 **g)** 2 **h)** 10 **i)** 4 **j)** 7

32. **b)** im Augenblick telefonieren. **c)** wird im Moment aufstehen. **d)** wird gerade beim Essen sein. **e)** wird gerade eine Pause machen. **f)** wird gerade Tennis spielen. **g)** wird gerade lesen. **h)** wird gerade eine Konferenz vorbereiten.

33. **c)** wird wohl keine Zeit haben. **d)** wird wohl arbeiten müssen. **e)** wird wohl gearbeitet haben. **f)** wird wohl zu Hause sein. **g)** wird wohl unter der Dusche sein. **h)** wird wohl in seinem Büro sein. **i)** wird wohl verheiratet sein. **j)** wird wohl nach Berlin gezogen sein.

34. **b)** die Menschen dauernd unterwegs sein. – die Menschen dauernd unterwegs sein werden. **c)** wird die Arbeitszeit auf ca. drei Stunden pro Tag zurückgehen. – die Arbeitszeit auf ca. drei Stunden pro Tag zurückgehen wird. **d)** wird die Form der Arbeit sich ändern. – die Form der Arbeit sich ändern wird. **e)** wird die Temperatur in Zukunft zentral geregelt werden. – die Temperatur in Zukunft zentral geregelt werden wird. **f)** wird es keine Unterschiede zwischen den Jahreszeiten mehr geben. – es keine Unterschiede zwischen den Jahreszeiten mehr geben wird.

35. **a)** 1. den Urlaub auf dem Mond verbringen 2. den Urlaub auf dem Mond verbringen 3. den Urlaub auf dem Mond **b)** 1. nur noch drei Stunden pro Tag arbeiten 2. es gut, wenn man nur noch drei Stunden pro Tag arbeiten müsste. 3. fände es nicht gut, nur noch drei Stunden pro Tag zu arbeiten. **c)** 1. Ich fände es eine gute Idee, wenn man riesige Dächer über den städtischen Gebieten bauen würde. 2. Er könnte es sich gut vorstellen, dass man riesige Dächer über den städtischen Gebieten bauen würde. 3. Sie fände es einen scheußlichen Gedanken, riesige Dächer über den städtischen Gebieten zu bauen. **d)** 1. Ich hätte keine Angst davor, zu fernen Planeten zu fliegen. 2. Er würde sich darüber freuen, wenn man zu fernen Planeten fliegen könnte. 3. Sie würde es ablehnen, zu fernen Planeten zu fliegen.

36. **b)** es kein ruhiges Plätzchen mehr. **c)** verbrachte man auf dem Mond oder einem fernen Planeten. **d)** Man arbeitete nur noch drei Stunden pro Tag. **e)** Die industrielle Arbeit wurde von Automaten übernommen. **f)** Die meiste Zeit saß man am Computerterminal. **g)** Wetter und Klima bestimmten die Menschen selbst. **h)** Die Produktion der Landwirtschaft hing nicht mehr vom Zufall ab. **i)** Die Bürger bekamen eine direkte Mitbestimmung in der Politik. **j)** Wahlen fanden im Internet statt. **k)** Schon Fünfzehnjährige durften wählen. **l)** Politiker blieben nur zwei Jahre im Amt.

Lektion 19

1. **c)** Die Königin weint schimpfend. **d)** Die Königin schimpft weinend. **e)** Der Minister winkt lachend. **f)** Der Minister lacht winkend. **g)** Die Köchin schwitzt schweigend. **h)** Die Köchin schweigt schwitzend.

2. **b)** träumend neben dem Feuer. **c)** Die Köchin isst lächelnd einen Apfel. **d)** Das Kind sitzt spielend auf dem Boden. **e)** Der Besucher steht frierend vor der Tür. **f)** Der Nachbar hebt grüßend die Hand. **g)** Mein Bruder liegt lesend auf dem Sofa. **h)** Die Touristen steigen winkend in den Zug. **i)** Der Mann steht wartend an der Bushaltestelle.

3. **b)** weint, versteht ihre Tochter nicht. **c)** Die Diener, die singen, interessieren sich nicht für die Situation. **d)** Der Ritter, der blutet, will die Königstochter heiraten. **e)** Der König, der schreit, ist wütend. **f)** Die Köchin, die schweigt, denkt nicht mehr an ihren Braten. **g)** Der Hund, der schläft, lässt sich durch nichts stören. **h)** Die Königstochter, die lacht, will nicht die Frau des Ritters werden.

4. **b)** Das weinende Kind sucht seinen Ball. **c)** Die badende Frau wäscht sich die Haare. **d)** Das pfeifende Mädchen geht durch den Wald. **e)** Der sprechende Papagei sitzt im Käfig. **f)** Der lachende Mann sieht einen Film. **g)** Das blutende Unfallopfer liegt neben dem Auto.

5. **b)** der Spiegel zerbrochen. **c)** die Waschmaschine repariert. – die Waschmaschine repariert. **d)** das Kind gebadet. – ist das Kind gebadet. **e)** hat den Koffer gepackt. – ist der Koffer gepackt. **f)** hat die Rechnungen bezahlt. – sind die Rechnungen bezahlt. **g)** hat das Fenster geschlossen. – ist das Fenster geschlossen.

6. **b)** verbunden **c)** zerschnitten worden ist. **d)** die bemalt worden ist. **e)** ist ein Auto, das geputzt worden ist. **f)** ist ein Tisch, der gedeckt worden ist. **g)** ist ein Brief, der korrigiert worden ist. **h)** ist ein Fernsehapparat, der ausgeschaltet worden ist. **i)** ist ein Pullover, der gewaschen worden ist. **j)** ist ein Schlüssel, der verloren worden ist. **k)** ist ein Haus, das verkauft worden ist. **l)** ist ein Luftballon, der rasiert worden ist.

7. **b)** Die zerbrochene Brille liegt im Mülleimer. **c)** Die gefütterten Kühe stehen im Stall. **d)** Der gestohlene Koffer wird von dem Dieb versteckt. **e)** Der gewaschene Wagen ist wieder sauber. **f)** Der unterschriebene Vertrag wird zur Post gebracht. **g)** Das gespülte Geschirr steht im Schrank. **h)** Das aufgeräumte Kinderzimmer ist wirklich schön. **i)** Die mitgebrachten Plätzchen schmecken gut.

8. **a)** 1 **b)** 4 **c)** 4 **d)** 2 **e)** 1 **f)** 3 **g)** 5 **h)** 6 **i)** 3 **j)** 2 **k)** 5 **l)** 6

9. **a)** 7 **b)** 3 **c)** 4 **d)** 6 **e)** 1 **f)** 12 **g)** 11 **h)** 8 **i)** 2 **j)** 9 **k)** 5 **l)** 10

10. **a)** 1 **b)** 2 **c)** 2 **d)** 2 **e)** 1 **f)** 2 **g)** 1 **h)** 2

11. **b)** schön angezogen sind, eröffnen den Ball. **c)** die frisch gestrichen sind, stehen vor der Bühne. **d)** die herrlich belegt sind, werden den Besuchern angeboten. **e)** die perfekt gemacht sind, gehören natürlich zu jeder Aufführung. **f)** die stets ausverkauft sind, beweisen den Erfolg der Festspiele. **g)** die pünktlich erschienen sind, diskutieren mit den Besuchern. **h)** die zu spät gekommen sind, erhalten keine Eintrittskarte mehr. **i)** die in Salzburg aufgetreten sind, machen oft eine steile Karriere.

12. **b)** Mozart geschrieben hat – Mozart geschrieben worden ist **c)** Wagner komponiert hat – Wagner komponiert worden ist **d)** Picasso gemalt hat – Picasso gemalt worden ist **e)** Nikolaus Otto erfunden hat – Nikolaus Otto erfunden worden ist **f)** Alexander Fleming entdeckt hat – Alexander Fleming entdeckt worden ist

13. **a)** ball **b)** platz **c)** spiel **d)** karte **e)** stellung **f)** ort **g)** stelle **h)** kleid **i)** punkt **j)** haus **k)** stück **l)** zimmer

14. **a)** Rolle **b)** Kriminalroman **c)** Märchen **d)** Bücherei **e)** Komponist **f)** Schriftsteller **g)** Operette

15. **a)** um – herum **b)** von – bis **c)** um die **d)** von – an **e)** von – aus **f)** an – vorbei

16. **b)** Mögt **c)** hat – gefallen **d)** wollte **e)** mochte **f)** macht mir großen Spaß **g)** hasse **h)** hält **i)** findet **j)** lieber **k)** zieht – vor **l)** gefallen **m)** am liebsten **n)** egal **o)** lieben **p)** sehr **q)** Geschmack **r)** am wohlsten

17. **b)** lieber … Salsa in der Disco, … am liebsten hört er Operetten unter der Dusche. **c)** aufregender … Segeln, … am aufregendsten findet sie Klettern. **d)** mehr Bilder … am Meer, … meisten Bilder malt sie am See. **e)** häufiger … mit Freundinnen im Café, … am häufigsten trifft er sich mit seinem besten Freund im Schachclub. **f)** lauter … in ihrem Wohnzimmer, … am lautesten singt sie in ihrem Auto. **g)** lieber … alte Fotos von berühmten Schauspielern, … am liebsten sammelt sie lustige Ansichtskarten aus der ganzen Welt.

18. **b)** einmal pro Woche geht er ins Kino. **c)** zweimal im Monat essen wir im Restaurant. **d)** am Wochenende koche ich zu Hause für Freunde. **e)** freitags gehst du auf Partys. **f)** gehen wir ins Schwimmbad. **g)** ab und zu sitzen wir vor dem Fernseher. **h)** pro Tag surft er im Internet. **i)** Abend hört er Musik. **j)** besucht er Museen. **k)** im Urlaub kaufst du Ansichtskarten. **l)** zu Weihnachten schreibt er Briefe.

19. **a)** 4 **b)** 3 **c)** 1 **d)** 2 **e)** 6 **f)** 7 **g)** 5 **h)** 10 **i)** 12 **j)** 8 **k)** 13 **l)** 14 **m)** 11 **n)** 9

20. **b)** Er ist 1854 in Dublin geboren. **c)** 1900 ist er in Paris gestorben. **d)** Seine Romane sind bis heute sehr bekannt. **e)** Viele seiner Theaterstücke sind erfolgreich gewesen. **f)** Sie sind zuerst in großen Londoner Theatern gespielt worden. **g)** Typisch für den Stil von Wilde ist die Ironie.

21. **a)** über deren – Immer wenn – den – So – den – in den – zu **b)** wo – dabei – als – obwohl – Deshalb – wenn

22. **a)** auf dem Tisch liegt. **b)** aufschlagen. **c)** Deutschunterricht geben wollte statt ihr. **d)** er nicht Lust hätte, Deutsch zu lernen. **e)** die Sprache der Bewohner Deutschlands ist. **f)** er nichts von dem fremden Geschwätz hält. **g)** sich bei Miss Prism. **h)** so nicht weitergehen kann. **i)** ihren Schiller öffnen. **j)** sie kein Deutsch mag. **k)** ihr nicht gut tut. **l)** nach jeder Deutschstunde hässlich wie die Nacht aussieht. **m)** in den verschiedensten Fächern gründliche Kenntnisse erwirbt. **n)** noch mal besonderes Gewicht auf den Deutschunterricht gelegt. **o)** so schrecklich ernst ist. **p)** gar nicht gut geht, weil er manchmal so ernst ist.

23. **b)** müsste **c)** soll **d)** könntest **e)** dürftet **f)** müssten

24. **a)** 4 **b)** 3 **c)** 1 **d)** 2 **e)** 3 **f)** 4

25. **b)** Je mehr Appetit sie bekommen haben, desto lieber haben sie von den Äpfeln probiert. **c)** Je lieber sie von den Äpfeln probiert haben, desto kleiner ist das Kunstwerk geworden. **d)** Je kleiner das Kunstwerk geworden ist, desto attraktiver hat man es gefunden. **e)** Je teurer ein Film ist, desto kommerzieller ist er. **f)** Je kommerzieller ein Film ist, desto langweiliger ist er. **g)** Je langweiliger ein Film ist, desto schneller schlafen die Leute ein. **h)** Je bekannter ein Schauspieler ist, desto freier kann er die Rollen wählen. **i)** Je freier er die Rollen wählen kann, desto besser sind sie manchmal. **j)** Je besser die Rollen sind, desto mehr Spaß hat der Schauspieler.

26. **b)** singend – aufräume, singe – singe ich **c)** machst winkend auf. – du aufmachst, winkst du. – Aufmachen – winkst du. **d)** dirigiert lachend. – er dirigiert, lacht er. – Dirigieren lacht er. **e)** Sie spielt träumend Klavier. –

Während sie Klavier spielt, träumt sie. – Beim Klavierspielen träumt sie. **f)** Ich trockne lesend meine Haare. – Während ich meine Haare trockne, lese ich. – Beim Haaretrocknen lese ich. **g)** Du rennst schwitzend. – Während du rennst, schwitzt du. – Beim Rennen schwitzt du. **h)** Sie fährt essend. – Während sie fährt, isst sie. – Beim Fahren isst sie.

27. **positiv:** Wirklich total spannend. – Gut gemacht! – Sehr interessant! – Das interessiert jeden! – Das muss man sehen. – Das muss man gesehen haben! – Das sollte man unbedingt anschauen. – Kann man nur empfehlen! – Das ist wirklich zu empfehlen. – Herrlich! – So gut, dass man es fast nicht glauben kann. – So etwas Fantastisches hätte ich nie für möglich gehalten. – Ausgezeichnet! – Hervorragend! – Davon kann man nur begeistert sein.

negativ: Hat so viel Temperament wie ein Kühlschrank! – Das ist ja zum Einschlafen. – Schrecklich langweilig. – So ein Quatsch! – Zu kompliziert. – Geht einem nur auf die Nerven. – Auf jeden Fall zu verrückt! – Da sollte man auf keinen Fall hingehen. – Das braucht man nicht zu sehen. – Dazu kann man nicht raten. – Das ist wie kalter Kaffee. – Scheußlich! – Einfach nur schlimm! – Die Zeit kann man sich sparen. – Nur etwas für Dummköpfe. – Davon halte ich nichts. – Die Zeit ist zu schade dafür. – Blöd und einfach nur lächerlich. – Total schlecht.

28. anstrengenden – ausreichend – folgenden – hervorragend – entzückende – schwache – dringenden – aufregend – romantisch – anschließenden – geplante – peinliche

29. **a)** 2 **b)** 2 **c)** 1 **d)** 2 **e)** 1 **f)** 2 **g)** 2 **h)** 1 **i)** 2

30. mager – fett; groß – klein; hoch – tief; riesig – winzig; viel – wenig; sportlich – unsportlich

fantasielos – fantasiereich; gesund – krank; kräftig – schwach; wach – müde; vernünftig – unvernünftig; fleißig – faul

selten – häufig; gewöhnlich – ungewöhnlich; üblich – unüblich; möglich – unmöglich; wahrscheinlich – unwahrscheinlich; schwer – leicht

31. **a)** Friedrich Dürrenmatt wurde am 5.1.1921 in der Nähe von Bern als Sohn eines protestantischen Pfarrers geboren und starb 1990. **b)** In Zürich und Bern studierte er Literatur, Philosophie und Naturwissenschaften. **c)** Zuerst konnte er sich nicht entscheiden, ob er Maler oder Schriftsteller werden sollte. **d)** Obwohl er schließlich Schriftsteller wurde, hörte er nicht auf zu malen und zu zeichnen. **e)** Das Theater war für ihn eine Verbindung von Schreiben und Malen. **f)** Seine Theaterstücke beschäftigen sich mit den Themen Macht, Moral und Schuld. **g)** Die schwarze Komödie „Der Besuch der alten Dame“ schrieb er 1956. **h)** In Hollywood wurde ein Film darüber gedreht mit Ingrid Bergmann und Anthony Quinn in den Hauptrollen. **i)** Aber im Film bleibt Alfred Ill am Leben, weil der Regisseur ein „Happy End“ wollte.

32. **a)** zu nehmen **b)** verhaftet **c)** zu verlangen – Bürgermeister **d)** Wahl **e)** zu töten **f)** Pflicht – zu verhaften **g)** dabei – ernst gemeint **h)** Geld **i)** geboten hätte – ernst nehmen **j)** verrückt **k)** verhaften – beachten

33. **a)** dass **b)** so dass **c)** dass **d)** so dass **e)** so dass **f)** dass **g)** dass **h)** so dass **i)** so dass **j)** dass

34. **b)** elegante Kleidung **c)** erkennen sie **d)** die Milliardärin **e)** für ihre Großzügigkeit **f)** In ihrer Jugend **g)** als armes Mädchen in Güllen **h)** in armen Verhältnissen **i)** einen begeisterten Empfang **j)** am Boden **k)** aufgebaut werden **l)** in ihrer Heimat lassen **m)** die Bürger **n)** der Geliebte **o)** wieder **p)** verheiratet **q)** einen Laden **r)** allen Bürgern geachtet **s)** Bürgermeister werden

Lektion 20

1. **a)** an – mit **b)** ab – mit **c)** auf – aus **d)** an – vor **e)** an – fest **f)** auf – zu **g)** an – vor **h)** auf – zu **i)** zu – ab **j)** auf – vor **k)** her – fest **l)** um – vor

2. (Modell:) Abdruck – Ausdruck – Eindruck – Nachdruck – Abfahrt – Hinfahrt – Einfall – Überfall – Unfall – Zufall – Anfrage – Nachfrage – Umfrage – Angabe – Aufgabe – Ausgabe – Ausgang – Eingang – Nachname – Vorname – Abreise – Anreise – Rückreise – Aussage – Zusage – Abschluss – Anschluss – Aufsicht – Aussicht – Einsicht – Vorsicht – Nachspeise – Vorspeise – Ausstellung – Darstellung – Herstellung – Vorstellung – Auftrag – Vortrag – Anzug – Aufzug – Einzug – Umzug

3. **b)** r Stadtrat – s Rathaus **c)** s Polizeiauto – e Autobahn **d)** r Fahrgast – s Gasthaus **e)** r Naturpark – r Parkplatz **f)** r Alptraum – e Traumstraße **g)** e Rückreise – r Reisepass **h)** r Minirock – e Rockgruppe **i)** s Tennisspiel – s Spielzeug **j)** s Stofftier – r Tierarzt **k)** r Stadtteil – r Teilnehmer **l)** s Mobiltelefon – e Telefonzelle **m)** e Hochzeit – r Zeitpunkt **n)** e Haltestelle – r Stellenwert **o)** s Altenheim – r Heimtrainer **p)** e Küchenuhr – e Uhrzeit **q)** r Fensterladen – r Ladenbesitzer **r)** s Schokoladenschwein – r Schweinebraten **s)** s Ausland – e Landwirtschaft **t)** e Betriebsleitung – s Leitungswasser **u)** r Umweltminister – r Ministerpräsident **v)** r Pechvogel – r Vogelkäfig

4. **a)** 2 **b)** 3 **c)** 1 **d)** 2 **e)** 2 **f)** 1 **g)** 3 **h)** 2 **i)** 3 **j)** 2

5. **a)** Decke **b)** Schloss **c)** Gericht **d)** Ball **e)** Stelle **f)** Plätzchen **g)** Stimme **h)** Preis **i)** Tafel **j)** Bank

6. **a)** umziehen **b)** vorstellen **c)** ausgehen **d)** aufgeben **e)** schaffen **f)** wählen **g)** anziehen **h)** raten

7. **a)** 3 **b)** 1 **c)** 4 **d)** 8 **e)** 5 **f)** 10 **g)** 6 **h)** 15 **i)** 2 **j)** 14 **k)** 11 **l)** 7 **m)** 13 **n)** 9 **o)** 12

8. **a)** 3 **b)** 5 **c)** 7 **d)** 8 **e)** 12 **f)** 11 **g)** 1 **h)** 10 **i)** 2 **j)** 9 **k)** 6 **l)** 13 **m)** 4

9. **a)** Sprachbegabung **b)** Eigenschaften **c)** Augenblick **d)** Stimme **e)** Unterricht **f)** Mut **g)** Schaufenster **h)** Symbol **i)** Felsen **j)** Hals **k)** Fortschritte **l)** Schreck

10. **a)** Dennis **b)** Delila **c)** Dennis **d)** Dennis **e)** Dennis **f)** Delila **g)** Dennis **h)** Delila **i)** Dennis **j)** Dennis **k)** Delila **l)** Dennis **m)** Delila

11. **b)** Dennis hat gute Fortschritte gemacht. **c)** Wer weiß ein Adjektiv? **d)** Ich habe nichts gegen Krokodile. **e)** Ich mache viele Fehler. **f)** Ich will nicht mit Krokodilen baden. **g)** Ich bin in Dennis verliebt. **h)** Liebst du mich?

12. **b)** ihn – sich **c)** Er versteht sie. – Sie versteht ihn. – Sie verstehen sich. **d)** Er vermisst sie. – Sie vermisst ihn. – Sie vermissen sich. **e)** Er schreibt ihr. – Sie schreibt ihm. – Sie schreiben sich. **f)** Er ruft sie an. – Sie ruft ihn an. – Sie rufen sich an. **g)** Er macht ihr Geschenke. – Sie macht ihm Geschenke. – Sie machen sich Geschenke. **h)** Er unterhält sich mit ihr. – Sie unterhält sich mit ihm. – Sie unterhalten sich miteinander.

13. **a)** 1 **b)** 1 **c)** 2 **d)** 1 **e)** 2 **f)** 1 **g)** 1

14. **b)** Gespräche **c)** Richter **d)** eine Sportübung **e)** Babysprache **f)** ein Gesprächsthema **g)** Gramm **h)** Liter **i)** Büro **j)** einen Tisch **k)** Wolken **l)** ein Konzert **m)** einen Unfall **n)** in ein Bild **o)** Katzen **p)** ein Kind **q)** Anfang **r)** ein Essen

15. **b)** kann **c)** kennst **d)** weiß **e)** weiß – kann **f)** kennt **g)** kann **h)** kann **i)** weiß **j)** weiß **k)** könnten **l)** kann **m)** kann

16. **b)** solle besser Englisch lernen. **c)** wolle ihr Deutsch verbessern. **d)** möge keine Grammatikübungen. **e)** könne gut Spanisch. **f)** sei gut viel zu üben. **g)** lerne allein am besten. **h)** könne besser zu zweit lernen. **i)** guter Lehrer wisse viel. **j)** solle viel lesen.

17. **a)** kein Typ mit großer Sprachbegabung **b)** einfach zu verstehen **c)** Die Nachrichten im Radio sind schwierig **d)** Man soll die Fremdsprache in Unterhaltungen üben **e)** Man kann in Gesprächen am meisten lernen **f)** Beim Sprechen passieren mir manchmal lustige Fehler **g)** Man muss beim Lernen Pausen machen **h)** Man darf die Pausen nicht vergessen **i)** Sprachen machen mir Spaß **j)** Ein Brieffreund hilft sehr beim Lernen **k)** Ich werde einen Sprachkurs machen **l)** Eine neue Sprache ist wie eine neue Welt

18. r Geschirrspüler – r Plattenspieler – r Mixer – r Rasierer – r Computer – r Gaskocher – r Fernseher – r Heimtrainer

e Spülmaschine – e Schreibmaschine – e Küchenmaschine – e Melkmaschine – e Waschmaschine – e Bohrmaschine – e Ei-Brot-Maschine

s Haushaltsgerät – s Sportgerät – s Tonbandgerät – s Fernsehgerät

r Rasierapparat – r Fotoapparat – r Fernsehapparat

19. **der** Anhänger Becher Donner Eimer Fehler Finger Hammer Hunger Kater Keller Koffer Körper Pfeffer Pullover Sommer Stecker Teller Tiger Vater Versprecher Walzer Winter Zucker Zungenbrecher

die Butter Dauer Feier Mauer Mutter Nummer Oper Schulter Schwester Steuer Tochter Trauer

das Alter Fenster Feuer Fieber Gewitter Messer Opfer Orchester Pflaster Semester Theater Ufer Wasser Wetter Wunder Zimmer

20. **a)** Die – die **b)** das **c)** Der – das **d)** Die **e)** das **f)** der **g)** der – der **h)** Das **i)** Der **j)** die **k)** das **l)** Die **m)** Der **n)** Das

21. r Kollege – r Türke – r Däne – r Franzose – r Tscheche – r Chinese

r/e Alte – r/e Jugendliche – r/e Arbeitslose – r/e Reiche – r/e Deutsche – r/e Glückliche

r/e Anrufende – r/e Suchende - r/e Lesende – r/e Liebende – r/e Träumende – r/e Schreibende

r /e Angerufene – r/e Gesuchte – r/e Geliebte - r/e Verliebte – r/e Versicherte – r/e Angestellte

22. **a)** 2. entschlossen 3. beschlossen 4. geschlossen 5. abgeschlossen **b)** 2. vorgestellt 3. hergestellt 4. vorgestellt 5. gestellt 6. vorgestellt 7. vorgestellt **c)** 2. bekommen 3. angekommen 4. ankommen 5. mitgekommen 6. dazwischengekommen 7. wiedergekommen 8. gekommen 9. vorkommen **d)** 2. zu Ende gegangen 3. verloren gegangen 4. zugegangen 5. aufgegangen 6. mitgegangen **e)** 2. angehört 3. aufgehört

23. **b)** Regen **c)** einen Bus **d)** Licht **e)** die Augen **f)** den Nebel **g)** keine Ahnung **h)** Geburtstage **i)** Fahrrädern **j)** auf das Wasser

24. **a)** den Mann am Nebentisch anschauen. **b)** sei interessant. **c)** habe noch keinen Spanier kennen gelernt. **d)** sei bestimmt verheiratet. **e)** solle nicht so laut sprechen. **f)** solle leiser sprechen. **g)** sei kein Problem. **h)** solle sich keine Gedanken machen. **i)** solle das als Spiel sehen. **j)** verstehe sie bestimmt nicht. **k)** könne bestimmt kein Deutsch. **l)** habe sie nicht genug Geld zum Bezahlen. **m)** lade sie gerne zu einem Glas Wein ein. **n)** Deutsch sei perfekt. **o)** sei eine große Überraschung.

25. e Blume – e Vase – e Tasche – e Mütze – e Pfütze – e Tasse – e Illustrierte

r Buchstabe – r Gedanke – r Käse – r Name – r Zeuge – r Service

s Auge – s Interesse – s Zuhause – s Knie – s Gemüse – s Ende

26. **a)** Da stand er mit der armen Carmen in den Armen. **b)** Er hielt sie fest und erhielt einen Kuss **c)** Euer Opa mag Europa. **d)** Wo ist die Uhr, Urgroßvater? **e)** Wir holen Kohlen. **f)** Heben ist eben schwer. **g)** Sie beten in den Betten. **h)** Komm mal, hier fehlt ein Komma. **i)** Fahrt ihr auf der Fahrt schnell? **j)** Kann man in den Anden landen? **k)** Wenn das Kotelett mager ist, mag er es. **l)** Er erzählte, er zählte oft sein Geld. **m)** Der Rechtsanwalt wohnt rechts am Wald. **n)** Er zog beim Umzug im Aufzug den Anzug aus. **o)** Er ertrinkt nicht, er trinkt nur viel von dem Wasser. **p)** Ist das Wasser da tief oder ist „Wasser" Dativ? **q)** Der Leiter auf der Leiter machte weiter. **r)** Der Tiger blieb Sieger.

27. **b)** Tee **c)** Tasse **d)** Fluss **e)** Baum **f)** Deckel **g)** Pfanne **h)** Sonne **i)** Spaß **j)** Mauern **k)** Ei **l)** macht – Nacht

28. **b)** überwiesen – über Wiesen **c)** kaum – Baum **d)** Bald – Wald **e)** Seid – seit **f)** kurz – Kurs **g)** Wegen – wegen **h)** Brief – lief **i)** nahmen – Namen **j)** Seit – Zeit **k)** Spaß – Pass **l)** Pfanne – Panne **m)** isst – ist **n)** viel – gefiel **o)** schoss – Schloss **p)** dass – das **q)** Blitz – Witz **r)** Baden – schaden **s)** Fuß – Fluss **t)** mehr – Meer **u)** bot – Boot **v)** waschen – wachsen **w)** Sterne – gerne

29. **a)** buntem – warmem **b)** altem – dickem – altem **c)** starkem – großer – leichtem – plötzlichem – gemütlicher **d)** großem – großer – großer – großer **e)** riesigen – großen – große **f)** teures – altes – schweres **g)** frisches – süßem – süßem **h)** rotem – weißem – süßen **i)** große – großes – großem **j)** frische – neues – gutes **k)** starken – braunem – indischen – eiskalten **l)** heißes – grünes – schwarzer – frische

30. Elf Elefanten erschrecken eilige Einbrecher. – Lustige Leser lieben lange Lieder. – Fünf Freunde fotografieren fliegende Fische. – Indische Igel imitieren interessante Insekten. – Neun Nichten nehmen neunzig Nüsse.

31. **a)** Die Eishockeyspielerin lacht froh im Nordwind. **b)** Das Eisbärenpaar legt Fische ins Nest. **c)** Der Eishockeyspieler läuft falsch im Nebel. **d)** Die Eisbärin liebt Fische im Netz. **e)** Der Eisbär liegt faul im Nordmeer.

32. **b)** aus welchem Grund Sie es gelernt haben? **c)** wie Sie es gelernt haben. **d)** wo Sie gelernt haben. **e)** wie lange Sie gelernt haben? **f)** ob Sie noch weiterlernen werden? **g)** wofür Sie Deutsch brauchen. **h)** ob Sie eine Sprachprüfung machen möchten. **i)** ob Sie manchmal Briefe auf Deutsch schreiben? **j)** ob Sie schon einmal auf Deutsch geträumt haben. **k)** was Sie über die deutsche Sprache denken. **l)** ob Sie mir bei der Übersetzung dieses chinesischen Textes helfen können. **m)** was der Delfin auf diesem Bild bedeutet?

33. **a)** 2 **b)** 3 **c)** 1 **d)** 10 **e)** 4 **f)** 13 **g)** 5 **h)** 6 **i)** 11 **j)** 12 **k)** 8 **l)** 9 **m)** 7

34. **a)** r **b)** f **c)** r **d)** f **e)** r **f)** f **g)** r **h)** f **i)** r **j)** r **k)** f **l)** r

35. **a)** fiel **b)** fand **c)** setzte **d)** einfiel **e)** lachte **f)** meldete **g)** verliebte **h)** steckte **i)** schenkte **j)** streichelte **k)** sprach **l)** fragte **m)** versprach **n)** nahm

36. ➔ waagerecht: **1.** Mut **2.** Mitleid **3.** Kette **4.** Versprecher **5.** Sprachkurs **6.** Anhänger **7.** Klasse **8.** Arm **9.** Bank **10.** Ehering **11**. Zeichen **12.** Meer

🡓 senkrecht **1.** du **2.** Muttersprache **3.** Schmuckladen **4.** Schreck **5.** Stimme **6.** Fehler

37. (individuelle Lösung)

38. (individuelle Lösung)